KB040629

왜

미 래 는

늘

남 에 게 만

보 이 는 가

왜 미래는 늘 남에게만 보이는가

다카노 켄이치 지음
박재현 옮김

샘터

| 차례 |

프롤로그
새롭게 보는 법을 발견한 사람들 • 9

STEP 01 ─────────────
구글 | 래리 페이지와 세르게이 브린의 시점 • 19
"보이지 않는 것을 본다"

구글 전과 구글 후 • 시대의 주역이 정보 발신자에서 수신자로 • 두 사람이 비밀주의를 취한 이유 • 보이지 않는 것을 알아채는 사람, 간과하는 사람 • 우리가 알아야 할 뇌의 메커니즘 • 무의식 세계에서 구글 같은 일이 일어나고 있었다! • 무의식 세계를 자극하라 • 앗, 하는 순간은 좀처럼 오지 않는다 • 카오는 어떻게 소비자의 잠재요구를 파악했을까 • 리츠의 호텔리어가 감동의 서비스를 선사하는 까닭 • 20퍼센트의 의식 세계가 방해한다 • 무의식이 낳는 이노베이션

연습문제 • 22, 29, 32, 40, 47

STEP 02
소프트뱅크 | 손정의의 시점 • 51

"자신의 기량을 초월한 문제에 도전한다"

장대한 인생 50년 계획 • 아이디어를 떠올릴 때 하지 말아야 할 것 • 중요한 것은 구조 해명 • 구조를 알았다면 조사하자 • 로지컬 싱킹에는 한계가 있다 • 아인슈타인의 문제 해결법이란? • 소프트뱅크 설립에 성공한 이유 • 시장·사업·수익의 3개 구조를 해명한다 • 시장과 사업 사이의 관계를 읽는다 • 우수한 경영자가 반드시 거치는 사고 과정 • 해결해야 할 세 가지 장벽 • BMW만이 판매 대수를 늘린 까닭 • 검증할 수 있는 가설을 세운다 • 100가지 아이디어를 생각하자!

연습문제 • 55, 66, 68, 78, 80

STEP 03
애플 | 스티브 잡스의 시점 • 85

"미래를 스스로 만들어낸다"

최강의 비즈니스 리더, 스티브 잡스 • 엔지니어가 아닌 아마추어 나름의 강점 • 그를 설명하는 한 단어, 직관 • 미래는 스스로 컨트롤할 수 있다 • 일본 기업은 왜 삼성에 패했는가 • 삼성의 성장을 지탱하는 것 • 그렇다면 애플의 성공 이유는? • 애플의 비즈니스는 회원제 • 스티브 잡스도 꺼렸던 성공요인 • 하드웨어와 소프트웨어의 결합 • 삼성의 라이벌은 애플이 아니었다 • 일본 기업이 만들어야 할 미래 • 인간성과 기술이 교차하는 곳

연습문제 • 88, 93, 98, 99, 110

STEP 04 ─────────────────────

아마존 | 제프 베조스의 시점 • 115

"상식에서 자유로워진다"

매출 70조 원의 초거대 소매업 • 상식은 새로운 가치를 낳지 않는다 • 아마존과 유니클로는 왜 성공했는가? • 사고 싶은 옷이 없는 옷가게 • 유니클로가 벗어버린 상식 • 기득권에 매달리는 기존 선수들 • 스티브 잡스와 제프 베조스의 공통점 • 상식에 사로잡히는 것은 본능 • 이노베이션을 낳는 뇌 구조 • 아무나 만나도 좋은 것은 아니다 • 오픈 이노베이션의 열쇠

연습문제 • 118, 122, 128, 135, 139

STEP 05 ─────────────────────

마케팅의 아버지 | 필립 코틀러의 시점 • 143

"사람의 내면을 본다"

비즈니스 시점을 바꾼 천재 • 가치를 보는 시점을 바꾸다 • 돈이나 상품에서 사람으로 • 신상품이 아닌 뉴 이미지를 만드는 펩시 • 비즈니스 기회를 보는 방식을 바꾼다 • 펩시의 도전은 왜 성공했는가 • 다이어트 코크의 반격 • 뉴코크는 왜 실패했는가 • 펩시 단독패배의 진상 • 제품을 보고 있어도 답은 나오지 않는다 • 강한 브랜드의 본질은 무엇인가 • 오감에 호소하는 상품을 만든다 • 고객의 내면에 맞춘다

연습문제 • 148, 156, 158, 160, 163, 168

STEP 06 ————————————————

세븐일레븐 | **스즈키 도시후미의 시점** • 175

"가설을 세우고 검증한다"

그 가설은 검증할 수 있는가? • 왜 세븐일레븐만 팔리는가? • 경영을 심리학으로
파악하는 이유 • 문외한이기에 가능한 비상식적 발상 • 가설 설정력을 조직 전체
로 끌어올리기 위하여 • 직관을 중시하는 데이터주의 • 명암이 갈린 두 CEO •
집카가 막다른 곳에 몰린 이유는? • 회원이 되지 않았던 사람들을 살핀다 • 머릿
속에 없던 답을 이끌어낸다 • 실리콘 밸리의 투자가는 무엇에 투자하는가 • 아무
것도 안 하는 공포와 맞선다

연습문제 • 178, 180, 186, 191, 197

STEP 07 ————————————————

비즈니스 스승 4인의 가르침 • 203

앤드류 그로브의 가르침 – 사업의 시점을 바꾸면 다른 가능성이 보인다
루이스 거스너의 가르침 – 업계 전체의 변화에 걸어라
리콴유의 가르침 – 뜻이 있으면 인기 따윈 필요치 않다
마츠시타 고노스케의 가르침 – 늘 어려운 길을 선택하라

연습문제 • 211, 213, 217, 219, 227, 231, 234, 239

에필로그
정보혁명 이후의 세계를 산다는 것 • 241

그림 자료 찾아보기 • 255

새롭게 보는 법을
발견한 사람들

어느 **외환딜러의 전설**

이전에 나는 금융기관에서 펀드매니저로 일한 적이 있다. 그때 바로 옆 딜링룸에 '전설의 외환딜러'라 불리는 사람이 있었다. 여기서는 A라 부르겠다. 엔고가 될지 엔저가 될지는 '오직 신만이 안다'는 외환의 세계에서, 안정적으로 수익을 낸다는 것은 프로에게도 매우 어려운 일이다. 그런데 이 사람은 그 꿈같은 일을 달성하고 있었다.

어느 날 A에게 성공 비결을 가르쳐달라고 부탁했는데, 그가 들려준 답이 의외였다.

"아침에 신문을 읽고 오늘은 엔저가 되겠다는 생각이 들면 거꾸로 엔고에 걸죠. 엔고라고 생각하면 엔저에 겁니다. 그뿐이에요."

자신이 옳다고 생각하는 것과 정반대의 일을 하는 것이 어째서 성공으로 이어지는 것일까?

많은 사람은 자신이 엔고라고 생각하면 엔고에 건다. 그 결과, 시장이 엔고 방향으로 움직이면 성취감에 흥분한다. 반대로 엔저 방향으로 움직이면 '이럴 리 없다'고 초조해하면서 손해를 더욱 키운다. 언젠가는 엔고로 반전할 것이라 굳게 믿기에 손절하지 못하는 것이다. 매수인가 매도인가를 결정한 단계에서 모든 판단이 끝나고 이후는 수익을 내느냐 마느냐로 일희일우할 뿐이다.

반면 A는 자신이 엔고라고 생각하면 반대로 엔저에 건다. 물론 생각한 대로 엔고가 되면 손해를 보게 된다. 그러나 A씨의 일은 이제부터 시작이다. 자신이 시장을 바르게 읽었다는 것은 현실을 제대로 보았다는 것을 의미한다. 그러므로 곧 손절을 하고 엔고로 태도를 바꾼다. 원래 자신이 예상했던 대로이기에 손절하는 데 망설임이 없다.

이에 반해 자신이 예상한 것과 반대로 엔저가 된다면 수익이 나게 된다. 그러나 그것으로 괜히 기뻐하지 않는다. 그것은 자신의 시세관이 시장의 움직임을 파악하지 못했다는 신호이기 때문이다.

어째서 외환의 흐름이 자신이 상정한 방향과 반대로 가는지, 자신이 무언가 중요한 요인을 간과한 것은 아닌지, 만일 그러하다면 현실을 바르게 보는 시점은 어떠한 것이어야 하는지, 이런 물음을 반복한다. 그러는 가운데 처음엔 보이지 않던 새로운 시세관이 도출되어 어디까지 이익을 얻을 수 있는지가 보이게 된다.

환율은 많은 시장 참가자의 시세관이 매매에 반영되어 정해진다. 이 때문에 자신의 시세관만으로는 불충분하여 다른 참가자가 무슨 생각을 하는지를 읽을 필요가 있다. A는 자신의 시세관과 반대인 쪽에 걸어 자신이 파악하지 못한 시점이 없는지를 살피고 그것을 부각하는 방식으로 성과를 이루었던 것이다.

실제로 엔저가 되는 재료(정보)가 많이 있음에도 불구하고 오히려 마냥 엔고 쪽으로 움직이는 일이 자주 있다. '내게는 시장이 보인다'는 전제를 버리지 못하는 사람은 '언젠가 엔저로 반전할 것'이라는 시점밖에는 가질 수 없다.

그런데 A처럼 '자신에게 보이지 않는 세계가 있다'는 전제하에 생각하는 사람이 있다. 그런 사람에게 예상 밖의 일은 오히려 새로운 시세관이 존재한다는 신호가 된다.

'이토록 엔저의 재료가 많이 나와 있는데도 엔저 방향으로 움직이지 않는 것은 이미 많은 사람이 엔을 팔아버려 더 이상 팔 수 없다는 것이다. 이 때문에 거꾸로 엔고로 움직이는 재료가 나오면 매도했던 사람들이 단번에 매수로 돌아서는 국면이 찾아올 것이다. 그때는 급격히 엔고 방향으로 움직이게 된다.'

이렇듯 자신의 머릿속에 없던 새로운 시점을 발견할 수 있다면 수익을 내는 딜러가 될 수 있는 것이다.

천재들은 노력으로 시점을 바꿨다

정보혁명이 일어나면서 비즈니스를 둘러싼 환경도 불확실해져 앞이 잘 보이지 않는다. 여러 가지 시점이 교차하고 급격히 변화하는 외환시장 같다. 이렇듯 앞이 잘 보이지 않는 세계를 상대하는 경우 사물을 보는 시점은 한 가지가 아닌 때가 많다. 논리로 최적해를 구하려고 해도 나오지 않는다.

그런 악조건과 싸워 이겨 살아남는 비즈니스 리더는 대체 누구인가? 그들은 어떤 능력을 가지고 있는가? 그것이 이 책의 주제다.

여기서 주요하게 다루는 인물은 구글 창업자인 래리 페이지와 세르게이 브린, 소프트뱅크 창업자인 손정의, 애플 창업자인 스티브 잡스, 아마존닷컴의 제프 베조스, 마케팅의 신이라 불리는 필립 코틀러, 세븐앤아이홀딩스의 회장 스즈키 도시후미로 총 일곱 명이다.

그들은 모두 '정보혁명 이후의 세계를 어떻게 이겨낼 것인가'라는 질문에 대하여 새롭고 독자적인 답을 찾아냈다. 비즈니스의 전제조건이 근본적으로 변하는 가운데 그들이 전례나 종래의 논리에 사로잡히지 않고 해결책을 찾아낼 수 있었던 것은 '자신의 시점을 바꾸는 힘'을 가졌기 때문이다.

평소 우리는 자신의 시점을 의식하지 않는다. 아니, 인간의 뇌는 그것을 의식할 수 없도록 만들어져 있다. 그런데 어느 날 어떤 계기로 시점이 크게 달라지는 경험을 하면 '세상을 보는 시점은 하나가 아니구나' 하고 깨닫게 된다.

여기서 언급한 천재들은 이런 우연에 의지하지 않고 자신의 의지로 자신의 시점을 바꿨다는 데 공통점이 있다. 달리 말하면, 그들은 태어나면서부터 성공을 약속받은 게 아니라 시점을 바꾸는 방법이 있다는 사실을 깨달았던 것이다. 그리고 노력을 통해 타인에게는 보이지 않는 새로운 세계관을 일찌감치 발견하는 데 성공했다.

시야를 넓히기 위한 6단계

이 책에서는 이들 천재들이 가진 능력과 그것을 습득하기 위한 트레이닝에 대하여 소개한다. 스텝 1부터 5까지는 새로운 시점을 발견하기 위해 시야를 넓히는 훈련을 한다. 걸핏하면 우리는 눈에 보이는 것, 과거에 경험한 것, 상식 안, 자신의 내면에 시야가 갇히기 일쑤다.

그러나 정보혁명 이후의 세계에서는 이제까지 우리가 전제로 삼아왔던 많은 것이 바뀌어간다. 그런 가운데 살아남기 위해서는 눈에 보이지 않는 것, 경험해본 적 없는 것, 미래, 상식

밖, 타인의 내면으로 시야를 넓혀야 한다. 그리고 지금까지 자신이 보지 못한 새로운 시점을 발견할 수 있어야 한다.

또한 스텝 6에서는 새로운 시점에 대하여 가설을 세우고, 그것이 정말로 현실을 파악하고 있는지를 검증함으로써 사물을 보는 능력을 키우는 훈련을 한다.

이런 일련의 흐름 속에서 당신은 수많은 연습문제를 풀게 될 것이다. 연습문제라고 하면 시험문제나 박보장기처럼 명확한 답이 있는 것을 기대하는 사람도 많을 텐데, 그러나 여기에 제시되는 연습문제는 선문답과 같다고 생각하시길 바란다. 100점짜리 정답이 있을 리 없고, 그저 다른 시점이 존재한다는 것을 알기 위한 훈련의 일환이다.

오히려 '정답을 원한다'는 욕구를 벗어던지고 해탈에 이르는 것이 진짜 목적이다. 문제가 명확히 규명되고 하나의 정답에 이르는 시대는 이미 끝났다. 지금 우리는 문제의 해석 방식 자체가 근본적으로 달려진 시대에 접어들었다. 문제를 어떤 식으로 볼지 그 시점을 바꾸면 답도 달라진다. 이른바 무한하게 답이 있는 세계다. 그 안에서 얼핏 답처럼 보이는 것을 유일한 정답이라고 믿는 것은 지극히 위험해졌다. '유일한 답이 있다'는 시점 그 자체에서 벗어날 필요가 있는 것이다.

그럴 수 있는 사람만이 새로운 세계관을 발견하고 정보혁명 이후의 세계에서 생존할 수 있다. 그 대표 인물이 앞에서 꼽은 일곱 명의 천재들이다. 그러니 당신도 성급하게 답을 구하는 것이 아니라 문제를 다양한 각도에서 해석하는 훈련에 힘쓰기를 바란다.

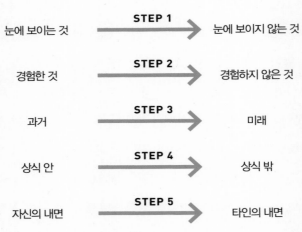

| 시야를 넓히는 방향 |

눈에 보이는 것	**STEP 1** →	눈에 보이지 않는 것
경험한 것	**STEP 2** →	경험하지 않은 것
과거	**STEP 3** →	미래
상식 안	**STEP 4** →	상식 밖
자신의 내면	**STEP 5** →	타인의 내면

시점을 바꾸면 세계가 바뀐다

스텝 1부터 6에서 소개하는 연습문제는 내가 평소 다양한 기업에서 비즈니스 리더를 육성하는 프로그램을 진행하며 실제로 사용하는 것이다. 대부분 기업의 리더가 이 프로그램에 참여했는데, 수강 후 설문조사에서 자주 듣는 소감은 다음과 같다.

- 선입견을 버리자 지금까지와 다른 사물의 본질이 보이는 것을 실감했다.
- 보통은 생각하지 않는 것을 생각한다는 의미에서 매우 자극이 되었고, 최근 반년 동안 일에 대한 사고방식, 사물을 바라보는 시점이 달라진 것을 실감하고 있다.
- 여러 고민을 한 뒤 일단 안을 내놓은 후에는 더 이상 좋은 아이디어는 없다고 생각한다. 그런데 새로운 아이디어를 더 떠올릴 수 있었다.
- 무의식 영역을 활성화하고 자신의 머릿속에 없는 발상을 찾는 방법이 신선했다.
- 보이지 않는 것을 보이지 않는 채로 두는 것이 아니라 보

려고 노력하면 왜 그런지 보이는 것이 있다.

- 가설을 세우고 검증함으로써, 새로운 시점이 생기고 제안 의 정밀도가 높아진다는 것을 알았다.

스텝 7에서는 세대를 조금 거슬러 올라가, 사물을 보는 시점 을 바꿈으로써 위업을 이룬 네 명의 비즈니스 스승을 소개한 다. 여기서 언급하는 인물은 컴퓨터로 인텔에 패권을 가져다 준 앤드류 그로브, 도산 직전에 있던 IBM을 부활시킨 루이스 거스너, 섬나라 싱가포르를 세계 경제의 허브로 끌어올린 리 콴유, 경영의 신이라 불리는 마츠시타 고노스케다. 그들의 위 업을 돌아보고 사물을 바라보는 시점을 바꾸는 일이 세상을 크게 바꾸는 능력으로 이어진다는 사실을 깨닫기를 바란다.

2015년 7월
다카노 켄이치

"보이지 않는 것을 본다"

Larry Page & Sergey Brin

Son Masayoshi

Steve Jobs

Jeffrey Bezos

Philip Kotler

Suzuki Toshifumi

Andrew Grove

Louis Gerstner

Lee Kuan Yew

Matsushita Konosuke

래리 페이지(Larry Page, 1973~)
세르게이 브린(Sergey Brin, 1973~)

'의식의 세계에서 생각한다', '논리적으로 생각한다'는 방법을 취하지 않는다는 것에
주의하길 바란다. 그렇게 하면 이미 가지고 있는 시점에 물든 아이디어밖에는 내놓
을 수 없기 때문이다. 뇌의 20퍼센트를 활성화시킴으로써 반대로 80퍼센트에 해당
하는 무의식 세계의 활동을 방해하고 마는 것이다.

구글 전과 구글 후

급변하는 환경 속에서 살아남은 비즈니스 리더로 내가 가장 먼저 꼽고 싶은 사람은 구글의 창업자인 래리 페이지와 세르게이 브린이다.

이 두 사람은 스탠퍼드대 컴퓨터과학 박사과정에 있을 때 만난다. 당시는 인터넷이 막 보급되기 시작한 시점으로, 두 사람은 네트워크에서 증식해가는 방대한 양의 정보를 어떻게 정리하고 이용 가능한 것으로 만드는가 하는 주제로 의기투합하여 1998년에 구글을 설립한다.

이 두 사람이 만든 검색엔진 덕분에 지금 우리는 인터넷상에 있는 정보의 바다에 매몰되지 않고 필요한 정보만을 얻을 수 있게 되었다. 문자 정보만이 아니라 구글 어스나 구글 맵, 유튜브처럼 화상이나 동영상까지 검색할 수 있게 되었다.

이 두 사람은 애플의 스티브 잡스나 아마존의 제프 베조스에 비하면 표면적으로 드러나지 않아 그다지 눈에 띄지 않는 인물이지만 정보혁명 속에서 지금까지 존재하지 않았던 새로운 세계를 실현했다는 점에서는 잡스나 베조스에 뒤지지 않는다. 아니, 인류 역사상 혁명적인 변화를 가져왔다는 점에서는 그 영향력이 잡스나 베조스를 훨씬 웃돌지도 모른다.

여기서는 먼저 페이지와 브린 두 사람이 세상에 가져온 변화를 살펴보기 위해 첫 번째 연습문제에 도전해보자.

연습문제 1-1

구글의 창업자인 페이지와 브린은 정보혁명의 총아라 불리는데, 구글의 등장 이전과 이후에 우리 생활은 어떻게 변했을까? 또 구글의 등장이 인류 역사상 '혁명적 사건'이라고 말할 수 있는 이유는 무엇인지 생각해보자.

구글의 사명은 홈페이지에도 명시되어 있듯 '온 세상의 정보를 정리하고 온 세상 사람들이 접속하여 사용할 수 있도록 하는 것'이다. 우리는 모두 자신의 주위에 흩어져 있는 정보를 수집하고 머릿속의 파일에 정리하고 기억한다. '일'에 관한 파일, '가족'에 관한 파일, '취미'에 관한 파일 등 각종 분야의 파일이 있고 어디에 어느 정보가 들어갈지 정보 맵이 머릿속에 만들어져 있다.

구글 등장 이전에 우리는 매일 아침 신문을 읽거나 TV를 보면서 세상의 정보를 모으고 스스로 정리하고 머릿속의 정보 맵을 충실하게 채워왔다. 그런데 정보혁명으로 인터넷상의 정보가 폭발적으로 확장하면서 이미 개인 혼자서는 정보를 수집하고 정리하고 기억하는 일이 어려워졌다. 구글은 그 작업을 자동화했던 것이다.

이것으로 무엇이 달라졌는가 하면, 머릿속의 정보 맵이 구글의 서버상에 재현되며 공공재가 되었던 것이다. 가족이나 친구 같은 개인적인 정보를 제외하면 대부분의 정보는 하나하나 수집하고 기억하지 않아도 '덩굴째' 간단히 손에 들어오게 되었다. 그 결과 일이나 일반 상식에 관한 머릿속 정보 파일의 정리를 구글에 맡기는 사람이 늘었다. 신문이나 잡지를 읽는 사람이 줄어든 것은 거기에 원인이 있다.

이런 추세가 더욱 진행되면 우리의 사고활동은 개인으로서 뿐 아니라 사회 전체로 운영될 것이다. 머릿속의 정보 맵이 점차 구글의 서버로 대체되는 것이다. 우리의 뇌와 구글의 경계선이 차츰 불분명해진다. 그리고 구글은 '사회의 지식'으로서 진화해간다. 우리의 사고활동은 그것과 하나가 되어 이뤄지게 된다.

개미와 벌 집단을 머릿속에 떠올려보자. 개개의 개미나 벌에는 고도의 지성이 없지만 그들은 집단으로 정보활동을 영위하고 집단으로서 고도의 지성을 발휘하고 있다. 이것이 인류의 새로운 진화 방향일지 모른다.

이러한 현상을 '개인의 사고가 구글이라는 초월적 존재에 지배당하게 된다'고 볼 것인지, '사회 전체가 지금 무엇을 생각하는지를 우리 개개인이 알 수 있게 된다'고 볼 것인지는 우리의 자유다.

시대의 주역이 정보 발신자에서 수신자로

여기서 다시 페이지와 브린으로 인해 우리가 사물을 보는 관점이 얼마나 달라졌는지를 살펴보자. 이 두 사람이 낳은 '페이지랭크'라는 알고리즘은 정보에 관한 우리의 시점을 크게 바꾸어놓았다.

신문 지면이나 야후의 화면을 보면 알 수 있듯이 과거 정보란 그것을 제공하는 기업의 의사에 따라 선택되고 나열되고 표시되는 것이 당연한 일이었다. 많은 표제와 정보가 그곳을 가득 채우고 그 안에서 우리가 좋아하는 정보를 가져와 읽을 수 있었다.

그런데 구글의 화면을 보면 그것이 당연하지 않다는 것을 알 수 있다. 그곳에는 흰 공간 한가운데에 자신이 좋아하는 키워드를 입력하는 박스만이 있다. 그곳에 우리가 알고 싶은 것을 기입하면 그에 맞는 정보를 구글이 찾아 보여준다. 게다가 그곳에 나열되는 정보의 정확성이 놀라우리만치 높다.

결국 페이지와 브린은 정보를 발신하는 기업의 의사가 아니라 사용자인 우리의 요구에 맞춰 정보를 제공하는 새로운 세계관을 선보인 것이다.

또한 '애드워즈'라는 서비스를 통해 광고를 표시할 때, 광고주의 의사가 아니라 소비자 요구에 맞춰서 메시지가 선택되는 전혀 새로운 광고 모델도 실현했다. 소비자가 어떤 광고를 보는가는 광고주의 의사가 아니라 소비자가 입력한 키워드나 다른 소비자가 관심을 가지고 광고를 클릭한 빈도에 의해 결정되는 것이다. 여기서는 광고주가 큰돈을 들여도 인기 없는 광고는 소비자의 눈에 띄지 않는다.

이 두 사람은 정보나 광고를 내보내는 기업이 주인공이던 시대에서 일방적으로 받기만 하던 우리가 주인공이 되는 시대로의 전환을 실현시킨 것이다.

두 사람이 비밀주의를 취한 이유

그런데 이 두 사람은 의외로 두드러지지 않는다. 구글을 모르는 사람은 없지만 페이지와 브린을 모르는 사람은 적지 않다. 그것은 두 사람이 취한 '비밀주의'에 원인이 있다.

정보혁명 속에서는 대부분의 정보가 인터넷에 유포되어 공공재가 된다. 이 때문에 정보 자체의 시장가치는 제로가 된다.

그런데 '사람이 무엇에 기뻐하는가'라는 감각적인 식견은 오히려 가치가 높아진다.

구글의 페이지랭크는 웹페이지에 연결된 링크의 수에 근거하여 그 페이지의 중요성에 순위를 매기는 알고리즘이다. 이 발상은 두 사람이 스탠퍼드 대학교의 박사과정을 마친 것과 깊은 관련이 있다. 학문의 세계에서는 논문을 쓸 때 참조한 다른 논문을 명기해야 한다. 이 때문에 새로운 발상이나 사물을 보는 새로운 시점의 원류가 된 논문일수록 다른 많은 논문에 참고가 되고 중요도가 높은 것이 된다.

페이지와 브린 두 사람은 이와 같은 사고방식을 응용하여 사람의 감각에 따라서 웹페이지의 중요성을 자동적으로 판정하는 알고리즘을 개발했던 것이다. 달리 말하면, 정보 그 자체가 아니라 '정보에 관한 정보(메타정보)'를 쥐고 있다는 것이 구글의 강점인 것이다. 이런 메타정보는 사람들에게 알려지지 않은 것이기에 그 가치를 낳는다. 이것이 두 사람이 비밀주의를 고수하는 이유인 것이다.

보이지 않는 것을 알아채는 사람, 간과하는 사람

이렇게 두 사람은 정보의 중요성에 관해 사람들이 피부로 느끼는 것을 검색엔진 안에 도입하는 데 성공했다. 그 결과 구글의 검색엔진은 인간의 뇌와 매우 비슷하게 움직이게 되었다. 이 때문에 우리가 보기에 엉뚱한 정보는 검색되지 않는다. 때로는 당치 않은 검색결과가 나와 오히려 화젯거리가 되기도 하는데, 그런 일이 희귀하게 여겨질 만큼 매우 정확도가 높다는 반증이다.

그런데 인간의 뇌와 비슷하게 작용하는 알고리즘을 만들고 그곳에 전 세계의 온갖 정보를 입력한다면 과연 무슨 일이 일어날까? 육체의 제약에서 벗어나 자유롭게 진화한 두뇌, 혹은 전지전능한 신 같은 존재가 태어나는 것은 아닐까? 실제로 전 세계의 지도 정보를 근간으로 한 자동 운전 시스템이 구글에서 탄생한 것을 보면 과거에는 신밖에 하지 못한다고 생각했던 일이 구글로 인해 가능해졌다는 것을 알 수 있다.

사람의 뇌에 관한 연구는 최근 몇 년간 급속히 진행되어 이노베이션이 태어나는 메커니즘도 그러한 연구를 통해 밝혀졌다. 페이지와 브린 두 사람이 인간의 뇌에 가까운 검색엔진을 창조한 것은 새로운 세계관을 발견한 것과 무관하지 않다. 인간의 뇌나 피부 감각을 좇는 가운데 새로운 시점을 발견하는 힘이 단련되었던 것이다.

정보혁명이라는 격변하는 환경 속에서 생존하기 위해, 지금 우리의 눈에는 보이지 않는 새로운 세계를 발견할 필요가 있다. 눈에 보이지 않는 것이 보이게 되는 메커니즘을 이해하기 위해 두 번째 연습문제에 도전해보자.

연습문제 1-2

아래 그림을 보자. 인디언의 옆얼굴이 그려져 있다. 그런데 이 그림을 잘 보면 인디언의 옆얼굴 외에 다른 것이 그려져 있음을 알 수 있다. 그것은 무엇일까?

어떤가. 당신은 어디에 무엇이 그려져 있는지 발견했을까?

나는 자주 세미나장에서 이 그림을 사람들에게 보여준다. 처음에 모두 자리에서 일어나게 하고 이 그림을 제시한 뒤에 '인디언 이외의 것이 보이면 자리에 앉아달라'고 말하면 맨 처음 5퍼센트의 사람이 자리에 앉는다. 이 그림을 보고 곧 그것이 무엇인지 발견할 수 있는 사람은 유연한 시점을 가진 5퍼센트에 속한다고 말할 수 있다.

이후 세미나장은 완전한 침묵에 싸이고, 한 사람 또 한 사람이 인디언 옆얼굴 이외의 것을 발견하고 '아하'나 '아아'라고 말하면서 자리에 앉는다. 몇 분이 경과하고 절반 정도의 사람이 자리에 앉은 시점에서 움직임이 멈춘다. 아직 절반 정도의 사람이 그것이 무엇인지를 찾지 못하고 머리를 이리저리 돌리고 손바닥으로 눈을 가리거나 한쪽 눈을 감아보기도 한다.

여러분은 이 그림 속에서 인디언 이외의 것을 발견했을까?

사실 이 그림 속에는 에스키모가 그려져 있다. 등을 이쪽으로 향한 뒷모습으로 서서 오른쪽에 있는 어두운 구멍 속(얼음집 입구)을 향해 나아가는 사람의 모습을 알아차릴 수 있을까? 가장자리에 털이 달린 코트를 머리까지 쓰고 오른손을 앞으로 내밀고 있다. "아직 에스키모가 보이지 않는다"고 말하는 사람은 이 장의 끝(50쪽)에 있는 그림을 보시길 바란다.

이 간단한 실험으로 무엇을 알 수 있을까? 그것은 '보이지만 보지 못하는 것이 있다'는 사실이다. 일단 에스키모의 존재를 알아차리면 그 이후로는 자연히 그것이 보이게 된다. 그러나 '앗' 하고 깨닫는 순간을 경험하기 전까지는 그것이 존재하고 있음에도 불구하고 보지 못하는 상황에 놓이게 된다. 결국 사람이 볼 수 있는 세계는 늘 같지 않고, 또 사람에 따라서도 다른 것이다. 같은 세상을 봐도 새로운 변화를 알아차리는 사람과 그렇지 못한 사람이 있는 것은 여기에 원인이 있다.

우리가 알아야 할 뇌의 메커니즘

그렇다면 어떻게 하면 지금 보이지 않는 것을 볼 수 있게 될까? 그 질문에 답하기 위해서는 인간 뇌의 메커니즘에 대하여 이해할 필요가 있다. 여기서 다른 연습문제에 도전해보자.

사람이 무언가를 열심히 생각하고 있을 때 대뇌 가동률을 100퍼센트라 했을 때, 아무것도 생각하지 않고 멍하니 있을 때의 대뇌 가동률은 몇 퍼센트 정도일까?

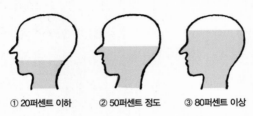

① 20퍼센트 이하   ② 50퍼센트 정도   ③ 80퍼센트 이상

자, 여러분은 어느 것을 선택했을까? 아무것도 생각하지 않기 때문에 거의 가동하지 않는다고 여기는 사람은 ①을 선택했을 것이다. 반대로 아무것도 생각하지 않아도 대뇌의 대부분은 가동하고 있을 것이라고 생각하는 사람은 ③을 선택했을 것이 분명하다.

이 질문의 정답은 '③ 80퍼센트 이상'이다. 우리가 아무것도 생각하지 않을 때에도 대뇌의 대부분은 가동하고 있다. 그리고 이것이 진실이라면 상당히 중요한 것을 의미하게 된다. 우리는 자신의 뇌 전부를 활용하여 생각하거나 의사결정을 하는 것처럼 느끼고 있지만, ③이 정답이라면 우리가 의식적으로 활용할 수 있는 것은 뇌의 20퍼센트에도 미치지 않는다는 사실이다. 그 이외의 부분은 어디에 사용되고 있는지조차도 의식할 수 없는 곳에서 일하고 있는 것이다. 우리가 뇌를 사용한다기보다는 우리가 의식하지 못하는 동안에 뇌에 의해 일하게 된다고 말하는 편이 실제와 가까운 것일지도 모른다.

과거에는 대뇌의 80퍼센트는 사용하지 않는다고 생각하던 시대도 있었다. 그런데 진단장치가 발달함에 따라 우리가 아무것도 생각하지 않아도 뇌의 대부분은 활동하고 있다는 사실이 밝혀졌다.

무의식 세계에서 구글 같은 일이 일어나고 있었다!

그렇다면 이 뇌의 80퍼센트 이상을 차지하는 무의식 세계에서는 대체 무슨 일이 이뤄지고 있는 것일까. 나 자신의 경험 중에서 그 실마리를 찾을 수 있다. 나는 아침에 욕조에 들어가는 습관이 있는데 웬일인지 욕조에 몸을 담그고 있자면 좋은 아이디어가 떠오르는 일이 많다.

왜 그때에 좋은 아이디어가 떠오르는지는 나 자신도 알 길이 없었다. 오늘 떠오른 아이디어든 내일 떠오를 아이디어든 내 머릿속 어딘가에 있는 것일 텐데, 일하고 있는 동안에는 전혀 의식할 수가 없다. 이렇게 생각해보면 뇌 활동의 80퍼센트를 차지하는 무의식 세계는 새로운 아이디어를 만드는 데 사용되고 있는 것이 아닐까 하는 가설이 성립된다.

실제로 뇌 과학의 진화 덕분에 이 무의식 세계의 작용이 흐릿하게나마 밝혀지고 있다. 놀라운 일은 그곳에서 구글의 검색엔진 같은 활동이 이뤄지고 있다는 점이다. 먼저 무의식 세계에는 우리가 경험한 것에 '태그'를 붙이고 기억해두는 기능이 있다. 외부에서 오감을 통해 자극이 들어오면 그 자극과 관련된 태그가 달린 과거의 기억을 순식간에 검색하고 거기서 걸려 나온 기억을 조합하여 자극을 해석하는 '시점'을 만들어낸다는 것이다.

예컨대 동물이 희미한 소리나 냄새로 가까이에 적이 있음을 머릿속으로 이미지화할 수 있는 것은 소리나 냄새라는 자극을 받고 무의식 세계가 검색을 행한 결과 적에 관한 과거의 경험을 끄집어내기 때문이다.

우리 인간도 '이대로 가면 뭔가 안 좋은 일이 벌어질 것 같다'고 예감하기도 한다. 눈앞에서 문제가 일어나는 것도 아닌데 잠재적인 위험을 느끼는 것이다. 의식하지 않는 동안에 무언가의 자극이 오감을 통해서 들어오고 무의식의 세계가 검색을 행한 결과, 과거의 실패 경험이 이끌려 나왔다는 것을 의미한다.

무의식 세계를 자극하라

앞서 '인디언 그림 속 에스키모가 보이는가'라는 연습문제에 도전해봤다. 거기서 고개를 요리조리 비틀고 한쪽 눈을 감거나 하다가 어느 순간 '앗!' 하고 에스키모의 존재를 알아차린 사람에 대해 이야기했다. 바로 여기서 뇌의 무의식 세계가 그림을 해석하지 못해 난감해하고, 여러 다양한 검색 패턴을 시도하는 상황을 볼 수 있다. 그리고 어느 순간 사람이 서 있는 모습이 흐릿하지만 의식 세계에 떠오르고 '앗!' 하는 외마디 소리와 함께 그것이 선명히 보인다.

이것이 바로 무의식 세계에서 사물을 바라보는 새로운 시점이 탄생하여 의식 세계로 뛰어들어 온 순간이다. 달리 말하면, 우리는 무의식 세계가 만들어낸 시점의 범위 안에서만 사물을 볼 수 있도록 만들어져 있는 것이다.

결국 뇌 활동의 20퍼센트 정도밖에 되지 않는 의식 세계에서 열심히 생각해도 우리의 시점은 변하지 않는다. 이미 머릿속에 존재하는 시점에 얽매여 있기에 그 이외의 시점을 가질 수 없다. 새로운 시점을 발견하기 위해서는 오히려 의식 세계를 사용하지 않는 게 좋다. 그보다 무의식 세계를 자극하고 흔듦으로써 새로운 시점의 발견으로 이어지게 하는 것이 좋다.

이에 대해서는 사실 200년 전에 임마누엘 칸트라는 철학자가 말했고, 그 이래 많은 철학자가 연구 주제로 삼아왔다. 그것이 현재 진단장치의 발달과 함께 철학에서 과학의 세계로 옮겨가고 있을 뿐이다. 이런 지식을 우리가 활용하지 않을 수 없다.

앞으로 이 책에서 언급하는 천재들은 앞선 철학자들처럼 뇌의 메커니즘을 누구보다 빨리 깨닫고 새로운 시점을 발견함으로써 환경의 변화 속에서 생존해온 이들이다.

앗, 하는 순간은 **좀처럼** 오지 않는다

그렇다면 무의식 세계를 활성화시키고 페이지와 브린처럼 지금 보이지 않는 세계를 발견하기 위해서는 어떻게 하면 좋을까? 그를 위한 훈련법으로 자신이 가본 적 없는 곳에 가고, 만난 적 없는 사람과 만날 것을 권하고 싶다.

왜냐하면 그러한 경험을 통해 지금까지 접해본 적 없는 자극이 오감을 통해서 자기 안으로 들어오기 때문이다. 새로운 자극을 접하면 무의식 세계가 그것을 해석하지 못해 난감해하고 멋대로 여러 검색 패턴을 시도하기 시작한다. 인디언 그림을 처음 봤을 때처럼 다양한 각도에서 관찰하는 상황에 놓인다.

또한 새로운 일을 경험하면 뇌는 그것에 태그를 붙이고 머릿속에 축적한다. 그러는 가운데 어느 날 엉뚱한 일로 새로운 경험과 오랜 경험이 동시에 검색에 걸리고, 조합되고, 지금까지 자기 안에 존재하지 않았던 시점이 만들어지면서 돌연 의식 세계로 뛰어드는 순간을 경험할 수 있다. 이것이 '앗!' 하고 외마디 소리를 지르는 순간이다. 지금까지 보이지 않았던 세계를 볼 수 있게 된 것이다.

이야기를 바꾸면, 일류 비즈니스맨과 만나 시점이 크게 넓어진 일화를 들어보면 대개 해외에 부임했을 때의 일이 많다. 해외에서는 국내에 있었다면 들어오지 않을 자극이 매일 자기 안으로 들어온다. 처음에는 왠지 모를 위화감을 느끼면서도 그것이 대체 무엇인지를 말로는 설명할 수 없는 나날이 이어진다.

그런데 2~3개월 이런 상태가 이어지면 어느 날 돌연 지금까지 알아차리지 못했던 사실을 깨닫는 순간이 찾아온다. "이 나라 사람들에게는 이런 습관이 있었구나"라고 느끼는 순간이다. 그리고 그 느낌이 "그래서 이 상품이 팔리지 않았구나" 하는 깨우침으로 발전해간다. 이런 '앗!' 하는 경험이 쌓이고 쌓여서 보이지 않던 세계가 보이게 되고, 비즈니스맨으로서의 시야가 넓어지는 것이다.

단지 여기서 주의해야 할 것은 '앗!' 하는 순간은 금방 찾아오지 않는다는 것이다. 새로운 경험에 태그가 붙어 축적되는 데는 시간이 걸린다. 그것이 어쩌다 검색에 걸리고, 새로운 시점으로 연결될 때까지는 적어도 2~3개월은 걸린다. 일주일의 시찰 여행으로 시점이 달라지는 일은 없다. 이 때문에 '앗!' 하는 순간이 찾아올 때까지 차분하게 꾸준히 노력할 필요가 있다.

카오는 어떻게 소비자의 잠재요구를 파악했을까

실제로 이런 원리를 응용하여 이미 인재 육성에 성공한 기업이 있다. 여기서는 카오(花王)와 리츠칼튼, 두 회사를 소개하고 싶다.

카오는 지방을 쉽게 소모시키는 차 '헬시아'를 필두로 참신한 상품을 만들어내는 기업으로 유명하다. '비누를 만들던 회사가 왜 차를?'이라고 생각하는 사람도 있을지 모르지만 오염을 말끔히 제거하려면 사람의 대사 메커니즘에 따를 필요가 있다. 거기서 '지방을 쉽게 소비하는 음료'라는 착상이 탄생한 것이다. 카오는 이처럼 기성 개념에 구애받지 않는 대담한 사고방식으로 널리 알려져 있다.

그중에서도 특히 카오다운 것은 '소비자의 잠재요구를 파악하는' 일에 도전하고 있다는 사실이다. '잠재'라는 말을 굳이 붙인 것에서 알 수 있듯이 겉으로 잘 보이지 않는, 소비자 자신도 의식하지 못한 요구, 소비자 인터뷰를 해도 나오지 않는 바람을 파악하려는 시도다.

'그런 일이 가능한가?'라고 생각하는 사람도 있을지 모르지만, 그것은 가능하다. 여기서 다시 연습문제에 도전해보자.

소비자 자신도 의식하지 못하는 요구, 소비자 인터뷰를 해도 나오지 않는 바람을 파악하기 위해서는 무엇을 하면 좋은지 생각해보자.

| 힌트

카오의 상품개발 담당자가 어떻게 소비자의 잠재요구를 파악하고 있는지, 그것을 위해 어떻게 무의식 세계를 자극하고 있는지에 대하여 머릿속에 그려보자.

자, 여러분의 머릿속에는 어떤 아이디어가 떠올랐을까? 그것으로 자기 자신도 의식하지 못하는 요구를 파악할 수 있을까?

결론부터 얘기하자면 먼저 소비자를 철저하게 관찰하는 것이다. 카오에는 생활자연구센터라는 연구소가 있다. 그곳은 보통 연구소와는 조금 달라서 모니터하는 소비자의 집을 방문하여 주부가 설거지하거나 욕실을 청소하는 모습을 비디오로 촬영한다. 그 영상을 연구소로 가져와 연구자가 철저하게 관찰하는 것이다.

'그저 관찰하는 것만으로 잠재요구를 알 수 있을까?'라고 생각할지도 모르지만, 이 '관찰'이 결코 엉터리는 아니다. 소비자의 일상생활을 관찰함으로써 평소 접할 수 없는 자극이 연구자의 무의식 세계로 들어오기 때문이다.

그리고 매일 관찰을 이어 가면 차츰 여러 일들이 마음에 걸리게 된다. 마음에 걸린다는 것은 무의식 세계의 검색 활동에 무언가가 걸린다는 것을 의미한다. '이 주부는 허리를 굽히고 욕실 바닥을 열심히 닦고 있는데, 어떤 오염이 제대로 제거되지 않는 것일까?' '그런 자세로 청소하면 허리가 아플 텐데……' 이런 연상이 꼬리에 꼬리를 물고 의식 세계로 떠오른다.

그리고 관찰을 계속하는 동안에 '이 없어지지 않는 오염이 어떤 물질인지 알아볼 수 없을까?' '어떤 물질인지 알아낼 수 있다면 간단히 오염을 없앨 새로운 세제를 만들 수 있지 않을까?' 하는 가설이 부각된다. 여기까지 왔다면 이제 행동으로 옮길 수 있다. 실제로 오염 샘플을 받아 와 시제품을 만들고 그 주부에게 사용해보게 하면 된다. 그리고 "어머나, 이거 좋군요"라는 반응이 돌아온다면 가설이 검증되는 것이다.

카오의 연구자는 이런 일을 매일 실천하고 있다. 이것을 매일같이 반복하면 차츰 소비자의 잠재요구를 날카롭게 집어낼 수 있다. 왜냐하면 비디오 관찰을 통해서 가정주부와 같은 자극을 끊임없이 받는 동안에 연구자의 무의식 세계 검색 패턴이 차츰 주부의 뇌 속 검색 패턴에 맞춰 조율되기 때문이다. 이것이 잠재요구라는 보이지 않는 것을 보게 하는 원리이다.

리츠의 호텔리어가 감동의 서비스를 선사하는 까닭

리츠칼튼도 이와 비슷한 원리를 이용하여 호텔리어를 육성하고 있다. 리츠는 1박 100만 원 이상 하는 고급호텔로, 감동적인 서비스를 제공하는 것으로 유명하다. 여기서 머무는 고객 대부분은 VIP로 다른 일류 호텔을 한차례 사용해본 사람들이다. 그 때문에 평범한 서비스를 제공해서는 고객의 마음을 사로잡을 수 없다.

그래서 리츠의 호텔리어가 도전하는 것이 '고객이 느끼는 것을 먼저 읽는' 것이다. 고객이 무엇을 느끼는지 말로 하기 전에 그것을 알아차리고 바람에 응할 수 있다면 감동의 서비스가 된다. 그러나 그런 일이 가능할까? 맞다, 가능하다.

리츠는 호텔리어에게 로비나 복도에 서서 철저하게 고객을 관찰할 것을 요구한다. 하루 이틀 관찰해도 특별한 변화는 일어나지 않는데, 이 일을 몇 주 동안 지속하면 차츰 아주 작은 고객의 몸짓이나 시선의 변화를 알아차리게 된다.

그러는 동안에 '저 고객, 지금 천장 쪽을 둘러보고 있어', '에어컨이 너무 세서 송풍구를 찾는 걸까?', '어디 가려고 안내판을 찾고 있는 걸까?' 이런 가설이 의식 세계로 떠오른다.

여기까지 왔다면 이제 한 걸음만 내디디면 된다. 리츠에서는 가설이 머리에 떠오르면 고객에게 말을 건넬 것을 호텔리어에게 장려하고 있다. '에어컨이 너무 셉니까?'라고 말을 걸어보고 그 가설이 맞으면, 감동의 서비스가 된다. 설령 가설이 빗나갔다고 해도 고객에게 마음을 쓴 것이기 때문에 나쁘게는 생각되지 않는다. "아니, 이 호텔에서 절세 세미나가 열리고 있어서 그곳을 찾고 있어요"라는 반응이 돌아오면 VIP의 머릿속을 힐끔 들여다볼 수 있다.

이런 일을 반복하는 가운데 차츰 호텔리어의 무의식 세계 검색 패턴이 VIP의 머릿속에 맞춰 조율되어 간다. 그리고 고객이 느끼는 것을 먼저 읽을 수 있게 된다.

20퍼센트의 의식 세계가 방해한다

앞의 두 가지 경우에서 보면 '잠재요구'나 '고객이 느끼는 것'처럼 눈에 보이지 않는 것을 볼 수 있게 되기 위해서는 '관찰한다', '가설을 생각한다', '그것을 검증한다'는 패턴을 반복하는 것이 매우 효과적인 훈련법이 된다는 것을 알 수 있다.

여기서는 '의식의 세계에서 생각한다', '논리적으로 생각한다'는 방법을 취하지 않는다는 것에 주의하길 바란다. 그렇게 하면 이미 가지고 있는 시점에 물든 아이디어밖에는 내놓을 수 없기 때문이다. 뇌의 20퍼센트를 활성화시킴으로써 반대로 80퍼센트에 해당하는 무의식 세계의 활동을 방해하고 마는 것이다.

무의식 세계를 활성화하기 위해서는 가본 적 없는 곳에 가고, 만난 적 없는 사람과 만나 지금까지 접해본 적 없는 새로운 자극을 계속하여 받을 필요가 있다. 생각하는 것이 아니라, 그저 관찰을 계속하는 것이다.

이것을 몇 주간, 때로는 몇 개월간 이어 가면 차츰 무언가가 마음에 걸리고, 어느 날 그것이 새로운 시점, 즉 '가설'로서 떠오른다. 그리고 그 가설을 검증하는 일을 거듭함으로써 차츰 보이지 않는 세계가 보이게 된다. 이것으로 뇌의 능력을 100퍼센트 이끌어낼 수 있다.

무의식이 낳는 이노베이션

이 무의식 세계의 메커니즘은 사실 이노베이션과도 깊은 관계가 있다. 이노베이션을 일으키는 것은 인간뿐이다. 그것은 뇌의 구조에 원인이 있다. 인간의 뇌는 다른 동물에 비하면 압도적으로 뇌세포 수가 많다. 이 때문에 하나의 경험에 대하여 많은 '태그'를 붙인다. 그 결과 무의식 세계가 검색을 할 때 얼핏 무관해 보이는 기억까지 끄집어낸다. 사람이 썰렁한 농담을 하거나 비유를 사용하는 것은 여기에 원인이 있다('페이지랭크'라는 말은 래리 페이지와 홈페이지의 말장난에서 나왔다).

그런데 이것이 이노베이션을 낳는 열쇠가 되기도 한다. 과거에 돌조각과 나무 막대를 보고 '활'이라는 도구를 생각해낸 인류가 있었다. 이 사람의 머릿속에서는 무슨 까닭인지 돌조각과 나무 막대가 동시에 검색에 걸렸던 것이다. 사냥할 때의 상황을 떠올렸을지도 모른다.

그때 돌연 '앗!'이라는 순간이 찾아왔다. 화살이라는 새로운 개념이 형성되어 의식 세계에 떠오른 순간이다. 이렇게 다른 두 개의 개념 위에 새로이 태어난 것을 '메타개념(상위개념)'이라고 한다. 이 메타개념을 낳는 힘이 이노베이션의 원천이 된다.

페이지와 브린이 정보나 광고를 발신하는 사람이 아니라 사용자가 주도권을 쥔 새로운 세계관을 발견할 수 있었던 것도 이런 뇌의 메커니즘에 근거한다. 그들은 누구보다 빨리 에스키모를 보았다.

두 사람이 찾아낸 새로운 세계관은 여기에 그치지 않는다. 두 사람의 시선 너머에는 '무엇을 찾는지는 몰라도 구글이 저절로 가르쳐주는' 세상이 이미 있었다.

그렇다면 이런 '발견'을 가속시키는 방법이 있지 않을까? 있다. 다음 장에도 나오는 소프트뱅크 창업자 손정의는 실제로 그 일에 힘을 쏟고 있다. '1일 1발명'을 스스로 의무화했다. 여기서 다시 연습문제를 생각해보자.

손정의가 하루에 한 가지 비즈니스 모델을 발명하기 위해 실천하는 것이 무엇인지 생각해보자. 이노베이션이 탄생하는 원리를 응용한 방법이다.

| 힌트
큼지막한 포스트잇을 사용한다.

자, '1일 1발명'을 위해 손정의가 실천하는 것을 머릿속에 그려보자.

바로 큼지막한 포스트잇에 떠오른 키워드를 적어 벽에 붙이는 것이다. 마치 카드놀이 '신경쇠약'(트럼프 유희의 하나. 카드를 모두 엎어놓고 두 장 또는 넉 장씩 젖혀 숫자 맞추기를 겨루는 놀이. 가슴이 조마조마해진다고 하여 이와 같은 이름이 생김)을 하듯이 그중에서 두 장의 포스트잇을 무작위로 집어 나란히 놓는다. 거기에는 얼핏 관계가 없어 보이는 두 가지 키워드가 놓인다. 거기서 무언가 새로운 비즈니스 모델이 연상될 때까지 잠도 안 자고 계속 포스트잇 두 장을 이리저리 나란히 놓는다. 이것을 매일 반복한다.

손정의가 실천하는 방식을 보면 이노베이션을 낳는 무의식 세계의 메커니즘을 의식 세계로 끄집어내기 위한 트레이닝을 응용하고 있음을 알 수 있다. 손정의의 대담한 발상 이면에는 이런 착실한 훈련이 있다. 실제로 손정의는 '의지를 가짐으로써 뇌는 진화한다'고 말한다.

'1일 1발명은 조금 문지방이 높다', '그런 일을 했다가는 잠을 못 잔다', '진화까지는 바라지도 않으니 진보 정도는 했으면 좋겠다'는 사람을 위해 조금 간단한 훈련법을 소개해보자.

먼저 노트를 한 권 산다. 그리고 매일 그 노트를 가지고 다니면서 무언가 마음에 걸리는 것이 있다면 그 노트에 적는 습관을 가진다. 마음에 걸렸다는 것은 무의식 세계의 검색 활동에 무언가가 걸렸다는 것을 의미한다. 그것을 적는다. 키워드만 적어도 좋다.

다음으로 하루에 한 번이라도 좋으니 그 노트를 본다. 이렇게 함으로써 무의식 세계의 활동을 의식 세계로 이끌어낸다. 자신의 무의식 세계가 무엇을 신경 쓰고 있는지가 보인다. 그리고 키워드끼리 연결하여 새로운 시점이 생길 때까지의 시간을 단축한다.

모쪼록 '하루 이틀 해보았는데 성과가 없다'는 이유로 쉽게 포기하지 않기를 바란다. 또한 성과를 내려고 초조해하거나 의식 세계에서 필사적으로 생각해도 헛수고로 끝난다. 그저 마음을 비우고 주위를 관찰하는 습관을 가지자.

핵심정리
STEP 1

눈에 보이지 않는 것을 보기 위해
다음 트레이닝에 힘써보자.

◎ 가본 적 없는 곳에 가고, 만난 적 없는 사람을 만난다.
◎ 그것을 계속하면서 마음에 걸리는 일을 노트에 적는 습관을 가진다.
◎ 노트를 매일 한차례 훑어본다.
◎ 어느 날 돌연 '앗!' 하는 외마디 소리와 함께 사물을 보는 새로운
   시점이 나올 때까지 이것을 계속한다.

(본문 29쪽) 연습문제 1-2 에스키모

"자신의 기량을 초월한 문제에 도전한다"

Larry Page & Sergey Brin

Son Masayoshi

Steve Jobs

Jeffrey Bezos

Philip Kotler

Suzuki Toshifumi

Andrew Grove

Louis Gerstner

Lee Kuan Yew

Matsushita Konosuke

손정의(孫正義, 1957~)

"의지를 가짐으로써 뇌는 진화한다."
"양은 질로 바뀐다."

장대한 인생 50년 계획

눈에 보이지 않는 것이 보이게 되는 뇌의 메커니즘을 이해했다면, 한 걸음 더 나아가기 위해 노력해야 할 것이 있다. 바로 '자신의 기량을 초월한 문제에 도전하는' 것이다. 앞에서 '의지를 가짐으로써 뇌는 진화한다'고 이야기했던 소프트뱅크의 창업자 손정의가 여기서 다시 등장한다.

손정의는 놀랍게도 19세 때 '인생 50년 계획'을 세우고 현재까지 그것을 착실하게 실행에 옮기고 있다. 또한 그 50년 계획의 내용이 놀랍다. '20대에 이름을 날리고, 30대에 사업자금

1000억 엔을 모으고, 40대에 한차례 승부하고, 50대에 사업을 완성시키고, 60대에 사업을 후계자에게 물려준다.'

20대에 이름을 날리는 것까지는 사람에 따라 가능한 일이지만, '30대에 사업자금 1000억 엔을 모은다'는 것부터 뜬구름 잡는 이야기가 되어버린다. 이렇게 자신의 기량을 훨씬 뛰어넘는 도전 과제를 자기 자신에게 부과하면서 뇌를 진화시켜온 사람이 바로 손정의다.

아이디어를 떠올릴 때 하지 말아야 할 것

손정의처럼 큰 야망에 도전하지 않는다 해도 비즈니스 리더로서 커리어를 쌓아가다 보면 어느 시점부터는 자신의 기량을 초월한 문제에 힘쓰지 않으면 안 되는 시기가 찾아온다. 과장까지는 고도의 전문성을 익히기만 하면 대개 스스로 문제를 해결할 수 있다. 그런데 부장이 되는 시점부터는 자신의 힘만으로는 해결할 수 없는 문제에 직면하게 된다.

그것은 부장이 되면 해결해야 할 문제의 성질이 달라지기 때문이다. 그전까지는 문제의 틀이 비교적 명확하고, 전문지식이 있으면 해결할 수 있는 현장 차원의 문제가 많다. 그런데 부장 이상이 되면 '기업 가치를 어떻게 높이는가'라는 문제에 직면하게 된다. 본디 기업 가치를 어떻게 정의하는가 하는 것부터 다양한 해석의 여지가 있고, 문제의 틀 자체가 혼란스럽다.

이런 문제는 영업, 개발, 제조라는 특정 기능의 경험만으로 해결할 수 있는 것이 아니다. 그때까지 자신이 축적해온 전문지식이나 경험만으로 문제를 해결할 수 없다. 문제의 크기가 자신의 기량을 웃돈다.

손정의는 30대에 1000억 엔의 사업 가치를 창출한다는 과제를 자신에게 부과했다. 자신의 전문성이나 경험만으로 해결할 수 있는 문제가 아니다. 이런 문제에 대하여 어떻게 해결책을 내놓을 것인가.

이 물음에 대해 생각하기 위한 연습문제를 풀어보자.

연습문제 2-1

결혼식장을 운영하는 경영자가 되어 매출을 높이기 위한 방법을 생각해보자. 몇 가지 아이디어 중에서 가장 인상적인 아이디어를 골라보자.

어떤가, 좋은 아이디어가 떠올랐는가?

나는 기업을 대상으로 비즈니스 리더 육성 프로그램을 진행할 때 자주 기업의 간부 후보자들에게 이 문제를 풀게 한다. 그때 많은 사람이 취하는 행동은 머리에 떠오른 아이디어를 조항별로 적고, 그중에서 가장 인상적인 것에 동그라미 표시를 하는 것이다.

캠페인을 한다, 결혼 상대를 찾는 사이트와 제휴한다, 예식을 호화롭게 연출한다, 재혼시장을 개척한다, 해외에 진출한다 등 아이디어가 줄줄이 열거된다. 그중에는 애완동물 결혼식 사업을 시작한다는 아이디어를 제시한 사람도 있다.

그러나 이런 접근 방식을 취한 사람은 주의할 필요가 있다. 이 방법은 머릿속에 있는 아이디어를 하나하나 끄집어내어 적는 것이기 때문에 어딘가에서 펜이 멎는 순간이 온다. 거기까지가 자신에게 보이는 세계로, 그 너머로는 보이지 않는 세계가 펼쳐진다. 펜이 멈췄다는 것은 그 경계선까지 왔음을 의미한다. 여기서 많은 사람이 그때까지 적은 아이디어를 분류하거나 이리저리 바꿔가며 인상적인 것을 골라낸다.

이때 주의해야 할 것은, 이 방식이 효과를 발휘하는 것은 이미 자신의 머릿속에 답이 있는 경우에 한한다는 점이다. 현장 가동에 관한 문제라면 적용될 수 있다.

그런데 '어떤 사업의 매출을 크게 신장시킨다'는 문제를 풀고자 할 때 이 방식은 도중에 파탄에 이른다. 왜냐하면 이미 머릿속에 있는 아이디어를 끄집어내어 매출이 크게 신장할 정도라면 이미 신장했어야 마땅하기 때문이다. 지금까지 적당히 태만하게 일한 것이 아니라면 이런 문제의 답은 머릿속에는 존재하지 않는다. 자신에게 보이지 않는 세계 안에 답이 있다. 결국 문제의 크기가 자신의 기량을 웃도는 것이다. 그 점을 알지 못하면 이 문제를 풀 수 없다.

이처럼 자신의 기량을 초월한 문제를 풀 때는 전혀 다른 접근법이 필요하다. 보이지 않는 세계에 있는 답을 더듬어 찾는 재능이 필요하다.

중요한 것은 구조 해명

그렇다면 자신의 경험이나 지식만으로는 풀 수 없는, 자신의 기량을 뛰어넘는 문제를 풀기 위해서는 어떻게 하면 좋을까?

여기서 도움이 되는 것이 '문제의 구조를 해명하는' 것이다.

앞 연습문제 2-1의 경우, 문제는 '결혼식장의 매출을 어떻게 올리는가'이다. 여기서 문제의 구조를 해명하기 위해서 '결혼식장의 매출이란 무엇인가'라는 질문을 상정한다. 그러면 문제를 '매출 = 예식을 올리는 커플의 수 × 한 커플당 단가'라는 형태로 나타낼 수 있고, 두 가지 요소로 분해할 수 있다는 것을 알게 된다. 그러면 '식을 올리는 커플 수를 증가시키기 위하여 무엇을 할 수 있는가', '단가를 올리기 위하여 할 수 있는 일은 없는가'라는 논점이 자연히 부각된다.

이어서 '식을 올리는 커플의 수란 무엇인가'라는 질문을 다시금 던지면 '예식을 올리는 커플 수 = 시장 전체의 예식 커플 수 × 당사의 시장점유율'이라는 두 가지 요소로 다시 분해된다. 그러면 '시장 규모는 대체 어느 정도인가?', '그것은 5년 전과 비교하여 확대되었는가, 축소되었는가', '당사의 시장점유율은 어느 정도인가', '시장점유율을 높이기 위해서는 어디서 고객을 빼앗아야 할까?'라는 형태로 논점이 자연히 늘어난다.

나아가 '한 커플당 단가는 어느 정도인가'라는 질문을 던져 보자. 일본의 경우 300만 엔대라는 통계 자료가 있다. 그런데 모든 사람이 300만 엔대로 예식을 치르는가 하면 그렇지는 않다. 일류 호텔에서 피로연을 하려면 400만 엔 정도는 준비해야 한다. 지방에 있는 결혼식장에서 조촐하게 치르면 200만 엔 정도로 예식을 올릴 수도 있다. 개중에는 '우리 딸의 결혼식만큼은 성대히 치러주고 싶다'고 말하는 부자도 있다. 이런 사람들은 1000만 엔 이상의 비용이 들어도 흔쾌히 식을 올려줄 것이다.

이처럼 '한 커플당 단가'라고 간단히 말하지만 적어도 3개 정도의 등급으로 구분하여 세그먼테이션(segmentation, 시장을 세분화하여 각 성격에 알맞은 제품을 제조, 판매하는 활동) 할 수 있다. 그러면 '5년 전과 비교하여 시장 규모가 신장한 세그먼트(부분, 영역)는 없는가', '단가가 오른 세그먼트는 없는가', '타사로부터 고객을 빼앗아 오기 쉬운 세그먼트는 어디인가'라는 논점이 부각된다.

구조를 알았다면 조사하자

이처럼 문제의 구조를 풀어가다 보면 구체적인 조사가 가능해진다. 그 결과, 전체적인 시장 규모는 축소되었지만 부유층에서는 예식을 올리는 커플의 수와 단가가 상승하는 경향이 있다는 것을 알게 되기도 한다. 그러므로 부유층을 대상으로 '커플 수를 늘린다', '단가를 올린다'는 수단을 생각해볼 여지가 있다. 그 외의 세그먼트에서 '단가를 올리는' 것은 그리 간단한 문제가 아님을 알 수 있다.

혹은 조사를 진행하는 동안에 이 업계가 전국에 무수한 소규모 사업자가 분산해 있는 구조임이 두드러질 것이다. 결혼식에는 친척이나 직장 동료를 부를 필요가 있으니 누구든 '이곳이 아니면 안 되는' 장소가 있다. 따라서 전국에 사업자가 분산하는 구조가 되기 쉽다.

뒤집어 말하면, 이런 입지 제약을 초월하기 위하여 히가시메이한(東名阪, 일본 3대 광역권 도쿄(東京), 나고야(名古屋), 오사카(大阪)의 줄임말)에서 사업자를 매수해 매출을 올리는 방법이 있을지도 모른다. 실제로 그렇게 해서 성장하는 기업도 있다.

또한 호텔처럼 결혼식을 본업으로 하지 않는 사업자도 있다. 이런 사업자는 결혼식만 치르는 것으로 끝나버리면 곤란하다. 자사에서 피로연도 열고 숙박도 하면 좋을 것이다.

다시 말해 '하와이에서 결혼식을 하지 않겠습니까?', '일류 셰프인 ○○ 씨의 레스토랑에서 피로연을 하지 않겠습니까?' 등 일류호텔이 내놓을 수 없는 방법으로 접근함으로써 고객을 빼앗는 방법이 있을지 모른다. 시장 전체가 축소되고 있어도 타사로부터 점유율을 빼앗을 수 있다면 매출 증가는 가능하다.

로지컬 싱킹에는 한계가 있다

이처럼 '매출이란 무엇인가', '예식을 올리는 커플 수란 무엇인가', '단가는 얼마인가'라는 질문을 계속 던짐으로써 눈에 보이지 않는 문제의 구조, 즉 매출 상승을 좌우하는 요소가 자연스레 부각된다. 그리고 문제의 구조가 해명됨에 따라 그때까지 머릿속에 없던 아이디어가 저절로 떠오르고, 할 수 있는 일과 불가능한 일이 분명해진다. 그러는 중에 매출 상승에 큰 영향을 가져올 수 있는 드라이버(동인, 추진 요인)를 생각해낼 수 있다.

여기서는 '부자에게 초점을 맞춘 마케팅으로 부유층 대상 시장의 규모를 확대한다', '부유층에 특화한 서비스 개발로 단가를 인상한다', '일류호텔이 제공할 수 없는 서비스를 제공하여 시장점유율을 높인다', '하가시메이한에서 결혼식장을 인수하여 식을 올리는 커플 수를 늘린다' 등이 매출 확대로 직결되는 드라이버가 될 수 있다.

중요한 것은 창의성을 넓히는 것으로, 1단계에서 설명한 무의식 세계를 활성화시키는 방법을 응용할 수 있다. 문제를 다양한 각도에서 관찰하고, 시장 안을 이리저리 둘러보고, 잠재적인 소비자와 만나봄으로써 지금까지 경험하지 못한 자극을 받으면, 어느 날 보이지 않았던 요소가 돌연 의식 세계로 들어와 머릿속에 없던 답을 찾게 된다.

결국 자신의 기량을 초월하는 문제를 풀기 위해서는 분석력이나 논리적 사고만으로는 한계가 있다는 말이다. 창의성을 확대하는 힘, 눈에 보이지 않는 것을 보는 힘이 필요하다.

아인슈타인의 문제 해결법이란?

아인슈타인은 이런 말을 했다.

"내게 지구를 구하기 위해 한 시간이 주어진다면 59분을 문제를 정의하는 데 사용하고 1분을 해결책 책정에 사용할 것이다."

여기서 아인슈타인이 말한 '문제의 정의'란 바로 '문제의 구조를 해명하는 것'을 의미한다. 위기에 직면한 지구를 구하는 문제는 아인슈타인과 같은 천재로서도 '자신의 기량을 초월한 문제'다. 그때 지구가 직면한 위기란 무엇이고, 거기서 구한 상태는 어떤 상태인가를 해명하는 데 대부분의 시간을 들이겠다고 말한 것이다. 그것이 가능하다면 해결책 따위는 1분 만에도 얼마든지 나올 수 있다는 것이다.

아인슈타인의 이 말을 들은 어느 대학의 학장은 이런 말을 했다.

"대부분의 사람은 60분의 시간을 본질적이지 않은 문제의 해결책을 생각하는 데 사용한다."

결국 많은 사람이 문제가 주어지면 먼저 머릿속에 떠오른 해결책을 차례로 종이에 적는다. 그리고 그것을 분류하거나 좁혀가는 데 60분을 사용한다. 그런데 한 시간을 다 써버린 시점에서 사실 답은 자신의 머릿속이 아닌 밖에 있었다는 것을 깨닫는다.

'지구를 구한다'처럼 보통 사람의 기량을 초월한 문제의 답이 이미 머릿속에 있는 사람은 없다. 답은 보이지 않는 세계에 있다. 그런데 많은 사람이 그것을 깨닫지 못하고 지금 보이는 세계 안에서 답을 구하기 위해 헤맨다. 왜일까?

그것은 사람은 답이 없으면 불안함을 느끼는 존재이기 때문이다. 그 불안을 억누르기 위해서 무엇이든 좋으니 답 같은 것을 손에 넣고자 한다. 이러한 습성이 자신의 기량을 초월한 문제를 푸는 것을 어렵게 만든다.

생각해보면 동물에게는 자신의 기량을 초월한 문제를 풀 필요가 애당초 없을지 모른다. 그러니 인간도 그런 능력을 처음부터 가졌을 리 없다. 거꾸로 말하면, 눈에 보이지 않는 문제의 구조를 해명하는 힘을 후천적인 노력을 통해 키울 수 있다면 이 책 안에서 언급되는 천재들에게 다가가는 일도 결코 꿈은 아니다.

소프트뱅크 설립에 성공한 이유

다시 소프트뱅크의 손정의 이야기로 돌아가자. 손정의는 왜 자신의 회사를 '소프트뱅크'라고 이름 붙였을까? 그것은 맨 처음에 컴퓨터 소프트웨어를 파는 도매업으로 회사를 시작했기 때문이다.

1980년대 초반 샤프나 NEC(니혼전기주식회사)가 개인을 대상으로 한 컴퓨터를 세상에 내놓았을 때다. 당시엔 마니아가 스스로 좋아서 프로그래밍을 했지만, 차츰 컴퓨터용 소프트웨어에 대한 수요가 높아졌다.

그 무렵 일본 최대 컴퓨터 소프트웨어 회사는 허드슨이라는 곳으로, 조신전기의 대형 가전 양판점을 통해 컴퓨터 사용자를 대상으로 제품 판매가 이뤄졌다. 손정의는 컴퓨터 소프트웨어의 장래성에 주목하고 제조사와 소매점을 중개하는 도매업에 참여했다.

그는 단기간에 사업을 성공 궤도에 올리고 한때 시장점유율 80퍼센트를 차지한다. 그것을 가능하게 했던 것이 '문제의 구조를 해명하는 힘'이었다. 여기서 당신도 회사를 설립했을 당시의 손정의가 되어 어떻게 사업을 성공시킬지에 대하여 생각해보길 바란다.

당신이 소프트뱅크를 설립한 당시의 손정의였다면 컴퓨터 소프트웨어 도매업
을 어떻게 성공시켰을지 생각해보자.

| 힌트
성공한 상태를 해명할 수 있다면 답은 자연히 나온다.

좋은 아이디어가 떠올랐을까?

당시 일본의 컴퓨터 소프트웨어 최대 회사는 앞에서도 말했
듯이 허드슨이었다. 손정의는 허드슨에서 독점 판매권을 사들
이는 대담하고 기발한 발상을 했다. 그를 위해 당시 자본금을
상회하는 큰돈을 조달하여 허드슨에 지불했다. 규모는 다르지
만 최근 스프린트(미국의 통신회사 - 옮긴이)를 매수하기 위해
20조 원 가까운 돈을 지불한 것과 같은 일을 이 무렵부터 이미
해왔던 것이다.

위험한 다리를 건넜지만 그로 인해 최대 회사의 제품을 독
점적으로 판매할 수 있게 되었다. 그 결과 대다수 소매점이 기
꺼이 소프트뱅크와 거래했다. 결국 손정의는 고객을 매수한
것이다.

그런데 허드슨 측에서 보면 독점 판매권을 파는 것은 좋지만 소프트뱅크가 상품을 다 팔지 못했을 경우 이번에는 자신들이 곤란해진다. 그래서 손정의는 상품을 충분히 다 팔 수 있다는 것을 보증할 필요가 있었다.

여기서 떠오른 것이 당시 컴퓨터 소프트웨어를 소매로 팔던 조신전기다. 소프트뱅크는 조신전기를 위해 철저한 전략을 세우고 점두에서 소프트웨어의 매출 증가에 공헌했다. 이것으로 소프트웨어의 도소매를 장악하고 자사에 폭넓은 판로를 확보하는 데 성공했다.

이러한 아이디어는 손정의의 머릿속에 처음부터 있었던 것은 아니다. 시장 안을 거닐고 만난 적 없는 사람과 만나고 시장의 구조를 해명하는 가운데 떠올린 성공적인 아이디어다.

시장 · 사업 · 수익의 3개 구조를 해명한다

자, 여기서 비즈니스 리더가 해명해야 하는 '문제의 구조'란 무엇인지 생각해보자. 그것은 시장구조, 사업구조, 수익구조다. 그리고 이 세 가지 구조 사이에는 연관성이 있다. 이 연관성을 맨 처음 해명한 사람이 가장 유리한 위치를 획득한다. 이 것이 비즈니스라는 게임이다.

①시장구조, ②사업구조, ③수익구조의 연관성에 대해 이해하기 위해 증권회사의 사례를 이용하여 연습문제를 풀어보자. 증권회사란 주식의 매매를 중개하는 것을 업으로 삼는 회사로, 우리가 주식투자를 할 때 반드시 신세를 지는 곳이다. 노무라 증권이나 오카산 증권 같은 전설적인 증권회사 외에도 인터넷 매매로 특화한 마츠이 증권, 라쿠텐 증권 같은 온라인 증권사도 있다.

연습문제 2-3

전통적인 증권회사와 온라인 증권회사의 차이를 리스트 업 해보자.
①타깃으로 하는 고객
②사업의 특징
③비용 구조
이 세 가지 관점에서 양자의 차이가 부각되도록 정리해보자.

양자의 차이를 명확하게 머릿속에 그릴 수 있는가?

그림 1은 증권회사의 시장구조를 나타낸 것이다. 시장을 2개의 축으로 구분하여 고객을 분류한다.

고객을 분류하는 축에는 고객인 개인 투자가가 증권회사를 선택할 때의 선정 기준을 적용한다. 통상 개인 투자가가 증권회사를 선택할 때 생각하는 것은 '투자 조언을 얼마나 해주는가'와 '수수료가 얼마나 저렴한가' 두 가지일 것이다. 그것을 세로축과 가로축에 적용하여 시장을 구분한 것이 **그림** 1이다.

| **그림1** | 증권회사의 시장구조

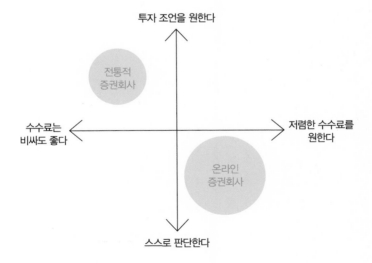

이렇게 하면 왼쪽 위 영역에는 '수수료는 다소 비싸도 상관 없으니 많은 투자 조언을 원한다'는 고객이 속하게 되고, 오른쪽 아래 영역에는 '투자 조언은 필요 없으니 수수료를 낮추길 원한다'는 고객이 속하게 된다. 이처럼 고객을 분류하는 것을 마케팅의 분야에서는 '세그먼테이션'이라고 한다.

이렇게 개인 투자가를 대략 두 개 영역으로 분류하고 각각 어느 정도의 투자가가 있는지를 조사하면 시장의 구조를 해명할 수 있다.

여기서 전통적인 증권회사는 왼쪽 위의 투자 정보를 원하는 투자가를 타깃으로 하고, 온라인 증권사는 오른쪽 아래의 저렴한 수수료를 원하는 투자가를 타깃으로 한다는 것을 알 수 있다.

시장과 사업 사이의 관계를 읽는다

다음으로 사업구조를 해명해보자. 전통적 증권회사는 투자 정보를 원하는 투자가를 타깃으로 하므로 영업 담당자가 고객의 집을 방문하여 정보를 제공하거나 대리점을 방문한 고객에게 창구 담당자가 정보를 제공하는 대인 서비스를 기본으로

하는 사업구조가 된다.

이에 반하여 온라인 증권사는 저렴한 수수료를 원하는 고객을 타깃으로 하기 때문에 대리점이나 영업 담당 직원은 소수에 그치고 모든 것을 온라인 서비스로 제공하는 사업구조가 된다. 타깃으로 하는 고객이 다르면 사업구조까지 큰 차이가 생기는 것을 알 수 있다. 시장구조와 사업구조 사이에는 분명한 연관성이 있는 것이다(**그림 2**).

| **그림2** | 타깃 고객에 따라 달라지는 사업구조

전통적 증권회사

[사무]
매뉴얼에 따른 사무 처리
▼
[대리점 영업]
유인 대리점 서비스
▼
[외부 방문 영업]
영업자를 통한 정보 제공

*대인 서비스
*추천종목 정보
*투자 리포트

*추천종목 등의 정보를
 필요로 하는 투자가
*시간 여유가 있는 사람

온라인 증권회사

[사무]
온라인에서 자동 처리
▼
[온라인 서비스]
*인터넷 사이트
*모바일 서비스
*콜센터
▼
*저렴한 수수료
*보증금율 인하
*계좌 수수료 무료화

*자기 판단을 할 수 있는
 신인 투자가
*데이 트레이더
*IT 활용 능력이 높은 사람

특화
서비스

타깃
고객

이러한 사업구조의 차이는 그대로 비용구조에 반영된다. **그림 3**에서 제로보다 위에 있는 것이 영업수입(증권회사에서 매출에 해당하는 것)이고, 아래에 있는 것이 각종 비용 항목이다. 이 비용 항목을 비교하면 같은 증권회사임에도 불구하고 전통적 증권사와 온라인 증권사는 비용의 용도가 전혀 다르다는 것을 알 수 있다.

전통적인 증권사가 보다 많은 돈을 들이는 항목은 부동산 관련 비용(대리점)과 인건비(영업 혹은 창구 담당자)로 온라인 증권사의 3배 정도가 된다. 이에 비해 감가상각비(컴퓨터 투자)와 광고비 등 항목에서는 반대로 온라인 증권사가 3배 정도 비용이 더 드는 것을 알 수 있다. 이처럼 사업구조와 수익구조 사이에도 명백한 연관성이 있다.

여기서 **그림 3**을 잘 보면 온라인 증권사는 영업수입이 비용을 상회하여 큰 흑자를 내고 있는 것에 반하여 전통적 증권사는 약간 적자임을 알 수 있다. 이 차이는 어디서 오는 것일까?

그림 1로 돌아가 시장구조 안에서 그 원인을 찾을 수 있다. 과거 증권업계에는 수수료에 대한 규제가 있어 저렴한 수수료를 제공하는 것이 인정되지 않았다. 그런데 수수료 규제 완화로

인해 그림 1의 오른쪽 아래 영역이 새롭게 개척된 것이다. 그곳에 누구보다 일찍 진출하여 컴퓨터를 앞세워 새로운 사업구조를 확립한 것이 온라인 증권사이다.

저렴한 수수료의 실현은 새로운 투자가 층을 낳았다. 데이트레이더(day trader)라 불리는 사람들이다. 수수료가 낮아진 덕분에 약간의 주가 변동으로도 이익을 낼 수 있게 되었다. 이처럼 왼쪽 위 영역에 있던 투자가가 대거 오른쪽 아래의 영역으로 이동하기 시작한 것이다.

| **그림3** | 증권회사의 비용구조

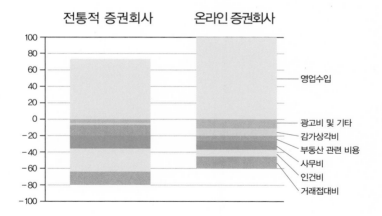

그 때문에 왼쪽 위 영역에서는 물고기가 유출되는 가운데 전통적 증권사 몇십 곳은 그저 낚싯줄을 드리운 채 적자 상태에 놓인다. 한편 오른쪽 아래 영역에서는 새로운 해역이 개척되어 물고기가 흘러들어 오는 타이밍에 온라인 증권사가 먼저 어망을 친 상태가 되었다. 그래서 큰 흑자를 낼 수 있었던 것이다.

이처럼 이익이 날지 말지는 시장 안의 어떤 고객층을 타깃으로 하는가에 따라 좌우된다는 것을 알 수 있다. 결국 시장구조와 수익구조 사이에도 연관성이 있다.

우수한 경영자가 반드시 거치는 사고 과정

이상과 같이 시장구조·사업구조·수익구조의 연관성을 해명하는 것이 비즈니스 리더에게는 '문제의 구조'를 해명하는 것이고, 이는 가치를 창출하는 방법을 발견하는 것으로 이어진다. 달리 말하면 비즈니스에서 가치를 낳는다는 것은 이익을 가장 높이기 위해 시장구조·사업구조를 어떻게 정의할 것인지 찾아내는 것을 의미한다.

온라인 증권사같이 수수료 규제 완화로 시장구조가 변했을 때 새롭게 열린 영역을 누구보다 빨리 발견하고 유리한 입지를 차지하면 큰 사업 가치를 낳을 수 있다. 반대로, 대리점을 방문한 고객만을 보고 시장구조의 변화를 보지 않는다면 부지불식간에 고객이 유출되어 어느 사이엔가 사업 가치가 시들어 버린다. 시장을 어떻게 보는가에 따라서 비즈니스 기회가 보이기도 하고 보이지 않기도 한다.

비즈니스 리더로서 변화하는 환경 속에서 살아남기 위해서는 **그림 4**에 나타낸 것처럼 우수한 기업가의 사고 과정을 습득할 필요가 있다. 나는 이전에 주식투자 펀드매니저로 일한 적이 있다. 그때 국내외의 수많은 경영자들을 만나서 성장전략에 대해 듣고 주식을 살지 말지를 판단했다. 그 과정에서 우수한 경영자나 기업가에게는 어떤 공통된 사고 과정이 있다는 것을 알았다. 그것이 **그림 4**에 정리한 사고 흐름도이다.

먼저 미래의 시장구조·사업구조·수익구조의 가능성을 여러 각도에서 해명하고 성장을 위한 단면(성장 드라이버)을 부각시킨다. 성장 드라이버가 보이면 다음은 그것을 구체적인 시책에 적용한다. 그때 자사가 유리한 싸움을 전개할 수 있는 시장의 '스위트 스폿(타깃으로 삼아야 하는 시장)'과 성공요인을

| 그림4 | 성장전략 입안 과정

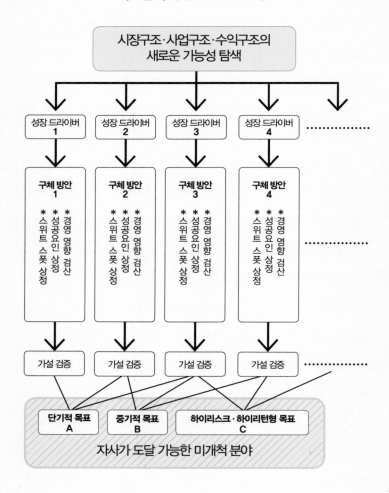

규정하는 것이 중요하다.

이 두 가지가 명확해지면 상정된 시장 규모와 타깃 시장점유율을 짐작할 수 있기 때문에 경영과 매출에 미치는 영향을 검산하는 것이 가능해진다. 그런 후 가설을 검증하면 그 결과를 토대로 도달 가능한 목표를 그릴 수 있다.

앞에서 말한 온라인 증권사를 사례로 들면, 성장 드라이버는 '인터넷 거래 수입의 증가', 스위트 스폿은 '데이 트레이더처럼 빈번히 사고파는 고객', 성공요인은 '온라인 서비스를 통한 저가 수수료'가 된다.

해결해야 할 세 가지 장벽

자, **그림 4**의 흐름 속에는 세 개의 장애가 있다. 결국 우수한 경영자나 기업가만이 해결할 수 있는 난도 높은 문제다. 여기서 다른 연습문제에 도전해보자.

그림 4의 성장전략 입안 과정을 보면서, 우수한 경영자나 기업가만이 해결할 수 있는 난도 높은 문제 세 가지가 무엇인지 아래에서 골라보자.

① 미래의 시장구조·사업구조·수익구조의 가능성을 해명한다.
② 성장을 위한 드라이버를 리스트로 작성한다.
③ 시장의 스위트 스폿을 상정한다.
④ 성공요인을 상정한다.
⑤ 경영에 미치는 영향을 검산한다.
⑥ 가설을 검증한다.
⑦ 도달 가능한 목표를 그린다.

여러분은 여기서 어느 것 세 가지를 선택했을까?

먼저 첫 번째로 뛰어넘어야 하는 장애물은 ①장래의 시장구조·사업구조·수익구조의 가능성을 해명하는 것이다. 아인슈타인이라면 여기에 60분 중 59분을 할애할 것이다. 그러면 성장을 위한 드라이버는 저절로 나온다. 뛰어난 경영자나 기업가는 미래의 시장구조·사업구조·수익구조의 가능성에 대하여 상당히 구체적인 가설을 제시할 수 있다.

BMW만이 판매 대수를 늘린 까닭

이어서, 두 번째로 넘어야 할 장애물은 ④성공요인을 상정하는 것이다. 왜냐하면 누군가 간단히 떠올리는 것은 성공요인이 될 수 없기 때문이다. 여기서 BMW가 일본에서 판매 대수를 늘리려고 했을 때의 이야기를 해보자. 관계자가 모여서 회의를 열었을 때, 맨 처음에 전원이 합의한 것은 캠페인으로 가격을 낮추는 방법이었다. 왜냐하면 외제차는 비싼 가격이 걸림돌이기 때문에 캠페인으로 가격을 낮추면 문턱을 낮출 수 있을 것이라 생각했기 때문이다.

그런데 이 방법은 실제로 해봤지만 생각했던 것만큼 판매 대수의 증가로는 이어지지 않았다. 그것은 BMW가 캠페인을 시작하면 벤츠나 아우디도 따라서 캠페인을 시작하고 결국 모두 가격을 낮추는 것으로 끝나버리기 때문이다.

그런데 BMW는 그 이후 진짜 성공요인을 발견하는 데 성공한다. 그것이 무엇인지 당신도 생각해보자.

BMW가 일본에서 판매 대수를 크게 신장시킬 수 있었던 진짜 성공요인을 생각해보자. 그때 왜 다른 외제차는 따라 할 수 없었는지도 생각해보자.

당신이 생각한 답은 어떤 것일까?

답은 '신차의 3년 무상 수리 서비스 제공'이다. 자동차는 기계이기 때문에 아무래도 오류가 있다. 외제차를 샀는데 하필 제대로 만들어지지 않은 차가 걸리면 끊임없이 수리를 해야 한다. 게다가 외제차인 만큼 수리비도 터무니없이 비싸다. 그 것이 스트레스가 되어 국산차를 사는 사람들도 있었다. 그런데 3년간 무상 수리 서비스를 조건으로 내걸자 단숨에 소비자층이 움직이기 시작했던 것이다.

그렇다면 왜 다른 라이벌 회사는 곧 따라 하지 못했던 것일까? 그것은 무상 수리 서비스를 제공하는 것이 딜러이고 제조사가 아니기 때문이다. 이 때문에 수리에 드는 비용을 어디서 어떻게 부담하는지를 결정하지 않으면 무상 수리 서비스는 제공할 수 없다. 그래서 관계자의 합의를 이끌어내는 데 시간이 걸렸던 것이다.

이 경우처럼 진정한 성공요인으로 작용하는 것은 누구나 간단히 합의할 수 없는 것임을 알 수 있다. 오히려 간단히는 합의할 수 없는 것, 합의했다고 해도 하고 싶지 않은 일이 성공요인이 되는 경우가 많다. 이 때문에 성공요인을 상정한 순간 같은 사내에서도 반대 의견이 나오기도 한다.

이러한 진짜 성공요인을 찾아내고 실행에 옮길 수 있는 사람이 우수한 경영자이고 기업가인 것이다.

검증할 수 있는 가설을 세운다

세 번째 장애물은 ⑥가설의 검증이다. 실제로 가설을 검증하려면 먼저 가설 자체가 구체적이어야 한다. 그렇지 않으면 검증할 수가 없다.

시장의 스위트 스폿이나 성공요인에 대하여 구체적이고 명확한 가설을 세워야 비로소 누구에게 무엇을 물으면 검증할 수 있는지 분명해진다. 그 점이 확실하지 않으면 이리저리 인터뷰를 하고 설문조사를 해도 타깃이라 할 만한 고객층이 어디인지, 무엇이 진짜 성공요인인지 도리어 알 수 없게 되어버린다.

우수한 경영자나 기업가는 가설을 좁혀 최소한의 에너지로 자신의 가설을 뒷받침하는 증거를 찾아낸다. 이것에 관해서는 스텝 6에서 자세히 이야기하고 싶다.

100가지 아이디어를 생각하자!

마지막으로, 손정의가 '100가지 시뮬레이션을 해보지 않으면 사업을 시작하지 않았다'고 말한 것에 대해 생각해보려 한다.

손정의는 사업을 시작하기 전에 다양한 성장 드라이버를 생각해내고 그것이 사업 가치에 미치는 영향을 시뮬레이션 해본다. 그를 통해 시장구조·사업구조·수익구조의 특징이 세부적으로 두드러진다.

손정의라면 머릿속에 있는 20~30개의 아이디어를 끄집어내기만 해도 성장 드라이버를 웬만큼 리스트 업 할 수 있을지 모른다. 그러나 그는 100가지를 생각한다. 시장 안을 거닐고 만난 적 없는 사람과 만나면서 무의식 세계를 활성화하고 지금까지 보이지 않던 아이디어를 떠올린다. 그리고 '앗!' 하고 깨달은 아이디어가 100개째에 이른 순간까지 기다린다.

손정의는 '양은 질로 바뀐다'고 말한다. 100개째 아이디어는 손정의에게 단순히 100번째로 나온 아이디어에 그치지 않는다. 시장구조·사업구조·수익구조를 누구보다도 철저히 해명했다는 신호로, 그제야 자신감을 가지고 거액의 자금을 투자할 수 있다.

허드슨에서 독점 판매권을 사들이고, ADSL 모뎀을 역 앞에서 공짜로 배포한다는 아이디어는 이런 활동 가운데서 탄생한 것이다.

손정의는 정적이고 상식적인 프레임워크가 통용되는 영역에는 진출하지 않고 불투명하지만 주체적인 행동으로 환경 자체를 바꿀 수 있는 영역에서 사업을 전개한다. 그것은 문제의 구조를 해명하고 자신의 기량을 훌쩍 뛰어넘는 문제를 해결하는 힘이 있었기에 가능한 일이었다.

자신의 기량을 초월한 문제를 해결하기 위해 다음 트레이닝에 힘써보자.

◎ 자신의 기량을 초월한 문제를 하나 고른다.

◎ 머리에 떠오른 해결책을 노트에 적는다.

◎ 거기에 적힌 것을 모두 버린다.

◎ 그 후 창의력을 발휘하여 의문을 거듭 떠올리면서 문제의 구조를 해명한다.

◎ 지금까지 머릿속에 없던 해결책이 떠오를 때까지 이것을 계속한다.

◎ 당신이 비즈니스 리더를 목표로 한다면 앞으로의 시장구조·사업구조·수익 구조의 가능성을 해명해보자.

"미래를
스스로
만들어낸다"

Larry Page & Sergey Brin
Son Masayoshi
Steve Jobs
Jeffrey Bezos
Philip Kotler
Suzuki Toshifumi
Andrew Grove
Louis Gerstner
Lee Kuan Yew
Matsushita Konosuke

스티브 잡스(Steve Jobs, 1955~2011)

"직관이 꽃피면 이제껏 보이지 않던 것이 보이게 된다."
"미래를 예측하는 가장 좋은 방법은 스스로 만들어내는 것."

최강의 비즈니스 리더, **스티브 잡스**

세 번째로 등장하는 인물은 스티브 잡스다. 그는 눈부신 정보 혁명 속에서도 비즈니스 리더로서 역경을 헤치고 승리한 최강의 인물이다. 그가 세상을 떠난 후에도 애플은 세계에서 가장 우수한 기업, 가장 가치 있는 기업으로서 그 명성을 떨치고 있다.

그는 매킨토시, iPod, iPhone, iPad라는 우수한 제품을 세상에 내놓은 것으로도 유명하지만, 그렇게 단순히 제품만을 본다면 그의 공적을 과소평가하는 것이다. 스티브 잡스가 우리 사회에 미친 영향에 대하여 잠시 생각해보자.

스티브 잡스의 등장으로 세상은 어떻게 변했을까? 그가 우리 사회에 미친 영향에 대해 생각해보자.

　　스티브 잡스는 '컴퓨터', '음악', '모바일 커뮤니케이션'의 세계에 새로운 시점을 제시했다. IBM의 메인 프레임과 매킨토시, CD 플레이어와 iPod, 구형 휴대전화(가라케)와 iPhone을 비교해보면, 그가 사용자의 라이프스타일에 미친 엄청난 영향을 실감할 수 있다.

　　그가 등장하기 전까지 컴퓨터는 기업의 중추로 대량의 데이터를 처리하는 기기에 불과했다. 그런데 그는 일반 개인이 컴퓨터를 사용하는 새로운 세계를 발견해냈다. 게다가 컴퓨터 언어를 배워 입력하는 게 아니라 그래픽 유저 인터페이스(GUI) 상에 마우스로 클릭하는 것만으로 자유자재로 컴퓨터를 조작할 수 있게 되었다. 지금이야 누구나 컴퓨터로 인터넷이나 게임을 즐기고 쇼핑이나 스케줄 관리를 한다. 컴퓨터가 점포나 텔레비전, 비서를 대신한다.

그는 CD나 DVD도 필요 없게 만들었다. 더 이상 CD를 케이스에 넣고 다니거나 방 안 선반에 가지런히 보관할 필요가 없다. 클라우드에 있는 무한의 음악이나 영화 라이브러리에 어디서든 접속할 수 있게 되었다.

iPhone이 등장한 지 얼마 되지 않았을 무렵, 그것을 손에 넣은 나의 동료는 터치패널을 조작하며 의기양양하게 내게 보여주었다. 그에게 iPhone이라는 것은 단순한 휴대전화가 아닌 어떤 우월감을 안겨주는 존재였던 것이다.

엔지니어가 아닌 아마추어 나름의 강점

스티브 잡스가 클라우드 서비스를 활용하여 iPod이나 iPhone을 보다 이른 시점에 성공시킨 일로 그를 엔지니어라고 생각하는 사람이 적지 않다. 그러나 그는 엔지니어가 아니다. 대학 시절에는 리드 칼리지에서 리버럴 아트(liberal arts)를 공부했다. 리버럴 아트란 '사람을 자유롭게 하는 학문'이라는 의미로 문법학, 수사학, 윤리학, 산술, 기하학, 천문학, 음악으로 구성된다. 게다가 그는 학업을 끝까지 이수하지 않고 중퇴한다.

전자회사의 전문 엔지니어들을 제치고 아마추어인 잡스가 놀라운 성과를 내놓은 것을 보면 정보혁명처럼 기술적·사회적 전제조건이 크게 변하는 국면에는 오히려 아마추어가 유리할지 모른다.

실제로 그는 컴퓨터로 무엇을 할 수 있는가가 아니라 '창조적인 사람은 컴퓨터를 사용하여 무엇을 하는가'가 중요하다고 말한다. 엔지니어는 제품만을 보는 습성이 있지만, 그것으로는 제품을 사용하는 사람의 모습이 보이지 않는다. 아마추어인 스티브 잡스는 정보혁명으로 창조적인 사람의 라이프스타일이 어떻게 변해갈 것인가를 보았다. 여기에 '사람을 자유롭게 하는 학문'이 도움이 되었다.

그를 설명하는 한 단어, 직관

스티브 잡스는 '직관이 꽃피면 이제껏 보이지 않던 것이 보이게 된다'는 말을 남겼다. 그는 앞서 스텝 1에서 말한 뇌의 메커니즘을 체감적으로 이해하고 있었던 것은 아닐까?

오감으로 세계를 관찰하고 무의식 세계를 활성화시키고 창조적인 사람에 맞춰 자신의 뇌를 조율한다. 그것으로 지금껏 보이지 않던 잠재요구나 미래의 라이프스타일이 보인다. 그런 노력을 통해 그는 누구보다 빨리 에스키모(연습문제 1-2 그림 속의 다른 그림)를 볼 수 있었다.

또한 이 원리를 거꾸로 이용하여, 창조적인 사람들의 오감을 자극하고 무의식 세계에 호소하고 공감을 이끌어내고 강렬한 인상을 남기는 데도 성공한다. 그가 기본적으로 추구하는 디자인 철학은 '직감적으로 사물을 이해하는 것'이다.

결국 취급설명서를 읽고 머리로 이해하는 제품이 아니라 무의식 세계가 느끼는 제품을 만들었던 것이다. 그를 위해 '공감, 집중, 인상'을 자신의 마케팅 철학으로 삼는다.

스티브 잡스가 직관을 중시하게 된 데는 그의 성장 과정이 적지 않은 영향을 미쳤다. 그는 시리아인 유학생 압둘파타 잔달리와 미국인 대학원생 조앤 시블 사이에 태어났다. 그러나 조앤의 아버지가 시리아인과의 결혼을 인정하지 않았기에 곧 다른 가정에 입양되었고, 그 때문에 잡스는 어린 시절 자신의 존재 의미를 끊임없이 물으며 불안정한 마음 상태로 지냈다. 젊은 시절 참선에 빠졌던 것도 그 때문이다. 그런 날들을 통해 그는 독특한 감수성과 직관을 키웠다. 그것이 때로는 "이건 쓰레기야"라는 폭언을 쏟아내며 사람들과 강하게 충돌하는 성격으로 표출되기도 했다. 그러나 한편으로는 그러한 점이 컴퓨터나 전화의 미래 모습을 발견하는 능력으로 이어졌다. 바로 이 양면성이 스티브 잡스의 매력이기도 하다.

미래는 스스로 컨트롤할 수 있다

스티브 잡스가 좋아하는 말 중 '미래를 예측하는 가장 좋은 방법은 스스로 만들어내는 것'이라는 말이 있다. 미래를 만들어내는 힘은 오늘의 한 수에 있다. 그것을 누가 두는가에 따라 미래는 어떤 식으로든 변한다. 그리고 그 한 수를 타인에게 맡기는 것이 아니라 스스로 반복하여 두는 가운데 미래를 컨트롤할 가능성도 높아진다.

여기서는 스텝 2에서 배운 성장전략 입안 과정을 중심으로 그가 어떻게 애플의 미래를 만들어냈는지, 라이벌 삼성과 비교하며 생각해보고자 한다.

삼성은 한국을 대표하는 복합기업이다. 그중에서 중핵에 있는 삼성전자는 휴대전화 갤럭시나 컴퓨터, 액정 텔레비전 등의 전자제품 외에도 전자부품이나 반도체도 제조·판매하고 있다. 일본의 전자회사에서 기술자를 고액으로 스카우트하거나 애플과 스마트폰을 둘러싼 소송전을 거듭하며 세상의 주목을 받고 있다. 신흥국을 중심으로 세계화에 성공하고 대부분의 제품분야에서 세계 최고 수준의 시장을 점유했다. 매출은 200조 원을 넘어 일본의 대규모 전자회사의 두 배 이상 규모로 성장했다.

그러면 여기서 삼성전자의 비즈니스 모델을 이해하기 위한 연습문제를 풀어보자.

연습문제 3-2

삼성전자의 전자기술 사업의 성장요인을 꼽아보자.

| 힌트
일본 전자회사가 간단히 흉내 낼 수 없었던 것을 생각해보자.

삼성은 원래 일본 전자회사를 라이벌로 생각했다. 그 때문에 1990년대 중반까지 일본 기업의 품질을 추월하기 위해서 기를 썼다. 그런데 일본 기업만큼 품질을 끌어올리려면 비용은 상승하는 데 반해 가격은 일본 회사의 80~90퍼센트 정도밖에는 매길 수 없다. 그 결과 구조적인 저채산성에 고민할 수밖에 없었다.

여기서 삼성의 이건희는 시점을 밑바닥부터 바꿨다. "아내와 자식 외에는 모두 바꾸라"고 사내에 호령했던 것은 유명한 일화다. 먼저, 타깃을 선진국에서 신흥국으로 바꿨다. 일본의 전자회사와 같은 곳에서 싸워도 이길 수 없다는 것을 깨달은 것이다.

이어서 각 나라에서 최고 시장점유율을 차지하기 위하여 '지역마다 세밀하게 나눈 상품 개발'을 실행에 옮겼다. 선진국과 달리 신흥국은 국가에 따라 발전 단계도 다르고 생활습관이나 종교도 다르다. 이 때문에 텔레비전이나 휴대전화를 사기 위해 지불하는 금액도 나라마다 크게 다르고, 그 나라 사람들이 원하는 제품의 기능도 전혀 다르다. 기도 시간이 되면 메카 방향을 가리키는 기능이 휴대전화에 있었으면 좋겠다는 소비자 요구를 우리는 아무도 떠올리지 못한다.

그래서 각지에 '지역 전문가'를 두고 그 나라 사람들의 생활 습관을 알아보고, 현지의 요구에 맞춘 상품 개발에 진지하게 힘썼다. 지역 전문가란 신흥국에 파견된 삼성 사원들로 처음 6개월 동안은 아무 일도 하지 않고 현지인처럼 생활한다. 왜 현지인처럼 생활하는 것일까? 그렇게 함으로써 현지인이 받는 자극과 동일한 자극을 자신의 무의식 세계에 입력하기 위해서다. 그렇게 들어온 경험은 하나하나 태그가 붙어 기억된다. 그것이 어느 날 새로운 검색 패턴에 걸리고, 현지인과 같은 세계관이 자신의 의식 세계로 비집고 들어오는 경험을 하게 된다. 그런 생활을 6개월간 반복하는 동안에 머릿속 검색 패턴이 현지인에 맞춰 튜닝 되는 것이다. 스텝 1에서 소개한 카오나 리츠칼튼의 시점 육성 과정과 비슷하다.

삼성은 1990년대 초부터 이런 형태로 지역 전문가의 육성에 힘써 현재까지 천 명 규모의 인재를 키웠다. 처음 6개월은 일하지 않기에 삼성으로서는 상당한 비용 부담이 따른다. 그러나 그렇기 때문에, 타사가 주저하는 가운데 추격할 수 없을 만큼 압도적인 수의 지역 전문가를 키워올 수 있었다. 그리고 대부분의 나라에서 최고의 시장점유율을 획득할 수 있었다. 삼성의 첫 번째 성공요인은 '지역 전문가'라고 할 수 있다.

일본 기업은 왜 삼성에 패했는가

그렇게 나라마다 각기 다른 상품 디자인을 내놓음으로써 텔레비전만도 1000종류의 모델을 생산하게 되었다. 이로 인해 이번에는 급격한 비용 상승이라는 문제에 직면하게 된다. 이 문제를 해소하기 위해 삼성은 설계구조를 철저히 모듈화했다. 최종 제품 모델은 1000개나 되지만 실제로는 소수 모듈을 레고처럼 조립하여 만들면 비용은 그다지 상승하지 않는다. 이 설계의 모듈화가 삼성의 두 번째 성공요인이라 말할 수 있다.

왜 이것이 성공요인이 되었을까? 라이벌인 일본의 전자회사는 꺼리던 방법이기 때문이다. 당시 일본에서는 '맞춤형인가, 모듈형인가'라는 논의가 한창이었고 그 결과 '일본 기업의 강점은 맞춤형에 있다'는 시점이 굳어졌다. 이로 인해 제품 제작의 모듈화를 얕잡아보는 경향이 있었다. 그것이 삼성의 비용 우위성 확립을 허용하고 만 것이다.

또한 신흥국은 나라에 따라서 소비자가 구입할 수 있는 가격 수준이 크게 다르기에 삼성은 가격을 먼저 설정하고 그것에 맞춰 비용구조를 역산하는 방식의 제품 개발 과정도 도입했다.

그때 품질 기준도 나라마다 달라야 한다는 필요성에 직면하고 '체감 불량률'이라는 독특한 품질관리지표를 만들었다. 이것은 그 나라에서 팔린 제품 수량 대비 클레임 수가 일정 비율 안에 있으면 문제될 것 없다는 사고방식으로, 다소 안 좋더라도 저렴하면 되는 국가를 대상으로 한 것이다. '품질의 좋고 나쁨에 대한 판단은 주관적인 것으로, 그 주관은 나라마다 다르다'는 시점에서 나온 것이다.

삼성의 세 번째 성공요인인 이 체감 불량률도 일본 기업이 꺼리던 것 중 하나다. 라이벌이 꺼리는 일이 성공요인이 된다는 점을 다시금 알 수 있다.

삼성의 성장을 지탱하는 것

자, 여기까지 삼성의 비즈니스 모델에 관해 설명했는데, 여기서 다른 연습문제를 풀어보자.

삼성전자의 전자기술 사업의 성장 드라이버와 스위트 스폿을 꼽아보자.

| 힌트

스텝 2에서 언급했던 성장전략의 입안 과정을 떠올려보자.

① 미래의 시장구조·사업구조·수익구조의 가능성을 해명한다.

② 성장을 위한 드라이버를 리스트로 작성한다.

③ 시장의 스위트 스폿을 상정한다.

④ 성공요인을 상정한다.

⑤ 경영에 미치는 영향을 검산한다.

⑥ 가설을 검증한다.

⑦ 도달 가능한 목표를 그린다.

먼저 성장을 위한 드라이버인데, 성장이란 매출을 비약적으로 신장시키는 것이기에 '매출이란 무엇인가?'라는 질문을 던졌을 때에 구성 요소로 떠오르는 것 중 하나일 필요가 있다. 삼성의 매출 신장의 원동력은 뭐니 뭐니 해도 신흥국의 성장 잠재력이라고 말할 수 있다. 이 때문에 삼성의 판매액을 정의하면 '판매액 = Σ(각 신흥국의 시장 규모 × 각국에서의 시장점유율)'이 된다. 여기서 Σ란 각국의 '시장 규모 × 점유율'을 더

한 것을 의미한다.

이런 시점을 가지면 삼성의 성장 드라이버는 '각 신흥국에서 최고 점유율을 차지하는 것(시장점유율을 높이는 것)'이라고 말할 수 있다. 일단 최고 점유율을 차지하면 신흥국의 시장 규모는 저절로 커지기 때문에 각국의 경제성장을 자사의 수익구조 안에 넣을 수 있다. 또한 여기서 스위트 스폿이 신흥국이라는 것은 말할 나위도 없다.

그렇다면 애플의 성공 이유는?

앞서 삼성의 비즈니스 모델을 설명했는데, 이번에는 애플의 비즈니스 모델이 어떤 식으로 만들어졌는지 알아보자.

연습문제 3-4

애플의 성장 드라이버, 스위트 스폿, 성공요인이 무엇인지 생각해보자.

| 힌트

여기서도 스텝 2에서 언급한 성장전략의 입안 과정을 떠올려보자. 다만 애플의 경우는 삼성과 비교하기 어렵고, 또한 창조적이다.

여기서는 스위트 스폿이 어디인지를 먼저 생각해보자. 삼성에게 스위트 스폿은 신흥국이었다. 그렇다면 애플이 타깃으로 삼은 세분 시장은 어디일까? 그것은 열광적인 애플 마니아로, 혁신적인 제품을 가장 먼저 사용하고 싶어 하는 소위 '얼리어답터'라고 할 수 있다.

얼리어답터란 신제품이 나왔을 때 가장 먼저 구매하여 사용해보는 사람을 말한다. 이에 반해 타인의 평판을 들은 뒤에 구매하는 사람들을 가리켜 '팔로우'라고 한다. 애플이 타깃으로 삼은 것은 전자다.

그래서 애플에게 판매액이란 '열광적인 고객의 수 × 고객당 구매액'이라고 정의할 수 있다. 여기서 두드러지는 두 개의 요인에 근거하여 '혁신적인 제품을 내놓고 열광적인 고객의 수를 늘린다', 'iTunes나 앱스토어에 다양한 상품을 확충하여 1인당 구매액을 늘린다'가 애플의 성장 드라이버가 된다는 것을 알 수 있다.

단지 이 두 가지뿐이라면 애플이 '세계에서 가장 가치 있는 기업'으로 불리지는 않았을 것이다. 매킨토시 컴퓨터를 세상에 내놓았을 때도 열광적인 고객의 마음을 인식하고 다양한 소프트웨어를 판매하는 데 성공했다. 그러나 사업 자체는 iPod이나 iPhone과 비교하면 선명하지 않았다. iPod 이후 애플이 비약적으로 성장한 데는 또 한 가지 성장 드라이버가 관련돼 있다. 그것은 네트워크 효과다.

iTunes나 앱스토어의 상품을 확충하여 편리해지자 열광적인 애플 마니아가 아니더라도 iPhone을 사용하기 시작한다. 그리고 사용자의 토대가 넓어지면 어플리케이션이나 콘텐츠 공급자가 모여들어 더욱 편리해진다. 그러면 더 많은 사람이 iPhone을 사용하게 된다. 이런 식으로 눈덩이처럼 불어나는 효과를 '네트워크 효과'라고 말한다.

이러한 효과 때문에 열광적인 고객 한 사람당 2배, 3배의 곱셈 효과가 나타나게 된다. 이것이 iPod 이후 애플의 시가총액을 비약적으로 끌어올려 세계에서 가장 가치 있는 기업으로 올려놓은 원동력이었다.

애플의 비즈니스는 회원제

매킨토시 시절에 이 네트워크 효과를 가장 크게 누린 것은 애플이 아니라 마이크로소프트였다. 애플은 늘 얼리어답터를 사로잡는 데까지는 순조롭게 해냈지만 팔로우라 불리는 대중들은 마이크로소프트에 빼앗겼다.

뭐든 스스로 컨트롤하려고 하는 스티브 잡스의 성격이 재앙이 되어 자신의 미적 감각에 맞지 않는 제3자의 어플리케이션을 배제했던 것이다. 그 결과 매킨토시는 완성도는 높았지만 편의성이 결여된 제품이 되어버렸다. 이에 반해 마이크로소프트는 아름다움에 매달리지 않고 대중의 편의성을 추구했다. 따라서 마이크로소프트의 시가총액은 비약적으로 증가하고, 애플은 어려움에 내몰리게 되었다.

그런데 iPod 이후 애플은 전술을 바꿨다. 뭐든 스스로 해결하려던 것을 그만두고 제3자가 만든 콘텐츠나 어플리케이션을 유통시키기 위한 플랫폼으로서 자사의 위치를 다시금 설정했던 것이다.

물론 혁신적인 제품에 관해서는 타협하지 않고 수직통합형의 모델을 유지한다. 그러나 콘텐츠나 어플리케이션에 관해서는 오히려 수평형 비즈니스 모델로 전환하여 적극적으로 타사의 제품을 다양하게 갖추었다. 이런 수직형과 수평형의 절충형 비즈니스 모델로 얼리어답터뿐 아니라 편리성을 중시하는 팔로우도 사로잡을 수 있었던 것이다.

정리하면, 애플에게 스위트 스폿은 열광적인 애플 마니아, 성장 드라이버는 '혁신적인 제품을 출시하여 열광적인 사용자의 수를 늘린다', 'iTunes나 앱스토어의 상품을 확충하여 1인당 구매액을 늘린다', '업계의 플랫폼이 되는 전략으로 네트워크 효과를 통한 곱셈을 최대화한다'는 세 가지라고 말할 수 있다.

여기서 삼성과 애플의 수익구조를 비교해보자(**그림 5**). 삼성의 수익구조는 제조사로서의 전통적인 시점을 가지고 각 나라의 시장을 어떻게 점유할지를 추구한다. 각 나라의 시장 규모나 자사의 점유율은 조사를 통해 수치로 파악할 수 있다.

그에 비해 애플은 국경 따위는 시야에 두지 않고 그저 '열광적인 애플 마니아가 있다'며 돌연 이야기를 시작한다. 열광적인 애플 마니아도 수치로 산출할 수 있다. iPod 이후의 제품은 클라우드 서비스와 연계되어 있어서 모든 구매 거래는 인터넷을 통해 볼 수 있기 때문이다.

그래서 신제품이 나오면 가장 먼저 구매하는 사람이 각 나라에 얼마나 있는지, 그들이 1인당 어느 정도의 금액을 구매하는

지를 파악할 수 있다. 또한 얼리어답터 1인당 몇 사람의 팔로우가 따르는지, 그 곱셈에 대해서도 국가마다 파악할 수 있다. 제조사라기보다는 케이블 TV 같은 회원제 비즈니스로서 자사의 수익구조를 보고 있음을 알 수 있다. 즉 '회원 수 × 고객당 이용액'이라는 시점이다.

| **그림5** | 삼성과 애플의 수익구조와 성장 드라이버

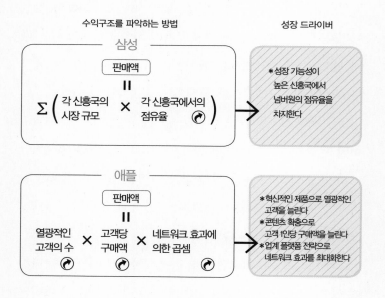

스티브 잡스도 꺼렸던 성공요인

그렇다면 여기서 애플의 성공요인에 대하여 이야기를 이어가보자. 삼성의 성공요인 중 하나가 지역 전문가였던 것처럼 애플에서도 평가자가 성공요인이 되었다. 바로 얼리어답터인 스티브 잡스다. 스티브 잡스는 본인이 디자인과 테크놀로지에 대한 조예가 깊었고 얼리어답터가 무엇에 기뻐할지를 몸소 이해할 수 있는 능력을 익혔다. 이것이 열광적인 애플 마니아의 수를 늘렸음이 분명하다.

또 한 가지 성공요인은 제3자의 콘텐츠나 어플을 유통시키는 업계의 플랫폼을 확립한 것이다. 가령 콘텐츠나 어플리케이션을 전부 자비로 개발하려면 막대한 개발 비용과 리스크를 끌어안게 된다. 애플은 그 점을 털어냄으로써 비용이나 리스크를 끌어안지 않고 상품을 확충할 수 있었다. 다만 스티브 잡스 본인은 얼핏 적당해 보이는 것일지라도 간단히 받아들이지 않았다. 그는 맨 마지막까지 타사 제품을 애플 마니아에게 사용하도록 하는 데 저항감을 가졌다. "이런 쓰레기를 애플의 최고 제품에 다운로드 하는 것을 용납할 수 없다"고 말했다.

성공요인이란 타사는 간단히 흉내 낼 수 없는 것이거나 흉내 낼 수 있다고 해도 타사가 내켜하지 않는 것이라는 점은 앞에서도 말했다. 업계의 플랫폼 전략은 스티브 잡스 본인조차 그다지 내켜한 일이 아니었다. 따라서 성공요인이 되었다.

하드웨어와 소프트웨어의 결합

마지막으로, 애플의 다른 한 가지 성공요인을 꼽자면 소프트웨어 기술일 것이다. iPhone이 막 출시되었을 무렵, 일본의 어느 전기회사 중역이 이런 말을 했다. "iPhone을 분해봤는데, 우리가 만들 수 없는 새로운 요소는 아무것도 없었다." 그러나 그 후에 그는 이렇게 덧붙였다. "소프트웨어를 빼면."

이 말에선 하드웨어가 주(主)고 소프트웨어가 종(從)이라는 시점이 얼핏 보인다. 분명히 휴대전화의 시대에는 소프트웨어란 필요악 같은 것이었다. 매우 사용하기 어려웠지만 달리 대체할 것이 없었기 때문에 모두 필요에 쫓겨 사용했다. 소프트웨어는 구매를 좌우하는 요인이 아니었다.

그런데 앞에서도 다뤘듯이 iPhone은 소프트웨어 기술로 압도적인 조작의 편리성을 실현시켰다. 그로 인해 소프트웨어 기술이 소비자의 구매 판단에 큰 영향을 미치게 되었다. 일본의 라이벌 회사가 하드웨어의 완성도에 에너지를 쏟는 가운데 스티브 잡스는 하드웨어와 소프트웨어 모두의 완성도에 에너지를 쏟았던 것이다. 결국 일본의 라이벌 기업에게 맹점이었던 소프트웨어 기술의 축적이 애플에게 성공요인이 되었다.

삼성의 라이벌은 애플이 아니었다

삼성과 애플의 수익구조와 사업구조(성공요인)를 밝힌 시점에서, 시장구조에 대해서도 살펴보자(스텝 2에서 비즈니스 리더로서 해명해야 할 문제의 구조란, 시장구조 · 사업구조 · 수익구조라고 한 것을 떠올려보자).

여기서는 휴대전화 단말기 시장을 예로 들어 삼성과 애플의 포지셔닝에 대하여 가시화해보자(**그림 6**). 그림의 네모난 틀을 세계 인구 70억 명이라고 하면 그 안에는 휴대전화의 인프라가 없는 지역도 있고 어린아이처럼 휴대전화를 필요로 하지 않는 층도 있다. 그것을 제외한 흰 부분을 시장의 최대 규모라고 하면 애플이 타깃으로 하는 것은 몇 십만 원이나 하는 스마트폰을 살 수 있는 선진국 소비자 및 신흥국의 부유층 중에서 얼리 어답터가 된다.

실제로는 그뿐만이 아니라 뒤에서 쫓아오는 팔로우의 일부도 타깃이 되기에, 그림의 오른쪽 위 영역에 위치하게 된다.

이에 반해 삼성은 선진국과 신흥국의 부유층 중에서 'iPhone 이 아니라도 좋다'는 층과 신흥국의 고액 스마트폰을 살 수 없는 층을 타깃으로 한다. 이렇게 보면 삼성과 애플은 '훔쳤다', '훔쳐갔다'며 소송전을 벌이는 데 비해 시장을 잘 나눠 가지고 있음을 알 수 있다. 여기서 삼성의 진짜 라이벌은 애플이 아니라 노키아라는 사실을 알 수 있다. 그리고 이제는 중국의 저가 스마트폰으로 바뀌어가고 있다.

이상 삼성과 애플의 시장구조(스위트 스폿)·사업구조(성공요인)·수익구조(성장 드라이버)를 살펴봤는데 같은 제품을 만드는 기업임에도 불구하고 시장의 시점, 사업의 시점은 전혀 다르다는 것을 알 수 있다. 다만 두 회사 모두 시장구조·사업구조·수익구조 사이에는 연관성이 있고, 그것을 토대로 일관된 전략을 세웠다. 그것이 이 두 회사가 급성장한 이유다.

뒤집어 말하면, 지금 눈앞에 있는 전략이 유일하면서도 최

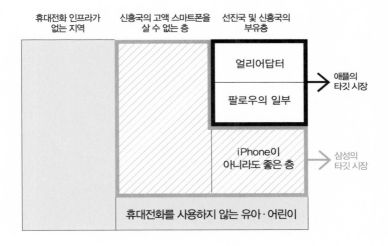

| 그림6 | 스마트폰·휴대전화의 시장구조

휴대전화 인프라가 없는 지역

신흥국의 고액 스마트폰을 살 수 없는 층

선진국 및 신흥국의 부유층

얼리어답터

팔로우의 일부

애플의 타깃 시장

iPhone이 아니라도 좋은 층

삼성의 타깃 시장

휴대전화를 사용하지 않는 유아·어린이

선의 선택지라고 믿는 것은 매우 위험하다는 것이다. 같은 사업일지라도 적어도 복수의 성공전략이 존재할 수 있다. 그것을 의식적으로 탐구해가는 것이 미래를 스스로 만드는 것으로 이어진다.

일본 기업이 만들어야 할 미래

그렇다면 앞의 시장구조 그림 속에서 일본의 휴대전화 회사
는 어떤 포지션을 차지해야 할까? 여기서 다시 연습문제를 풀
어보자.

연습문제 3-5

**일본 휴대전화 단말기 회사의 대다수가 스마트폰 분야에서 고전하거나 스마
트폰에서 발을 빼고 휴대전화에 머무는 이유를 생각해보자.**

| 힌트
앞의 시장구조 그림 안에 일본 휴대전화 단말기 회사의 포지션을 그려보자.

일본의 휴대전화 단말기 회사는 NTT 도코모 등의 일본 전
화회사에 단말기를 제공하는 형태로 비즈니스를 전개하고 있
다. 이 때문에 대다수 기업이 의식하든 의식하지 않든 일본 인
구 1억 명을 타깃으로 해왔다고 볼 수 있다. 결국 아래의 그림
같은 가늘고 긴 띠 형태의 영역에 포지셔닝 하게 된다. 이것을
보면 왜 일본 휴대전화 회사의 대부분이 스마트폰에서 발을 뺐

는지를 알 수 있다(그림 7).

스마트폰에는 몇 천 개의 지적 재산이 들어가고 개발에 막대한 비용이 든다. 그 때문에 투자한 돈을 회수하기 위한 시장이 필요하다. 애플이나 삼성이 글로벌 시장을 대상으로 비즈니스를 전개하고 있는 이유도 여기에 있다. 삼성은 신흥국에서 성장요인을 발견하고 그것을 타깃으로 정했다. 애플은 전 세계의 얼리어답터를 자금 회수원으로 삼았다.

| 그림7 | 휴대전화 시장에서 일본 기업의 포지션

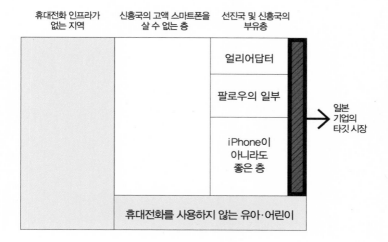

그런데 스마트폰에서 고전하는 일본의 대다수 기업은 이런 투자 자금 회수를 위한 타깃을 명확히 설정했는지를 다시금 물을 필요가 있다. 그저 일본의 전화회사에 붙어 비즈니스를 전개하면 결과적으로 일본 시장만을 자금 회수원으로 한정하게 된다.

그 결과 시작하기 전부터 이미 투자 자금을 회수할 수 없음을 알 수 있다. 혹은 소규모 투자 자금밖에 들어오지 않는 가운데 iPhone이나 갤럭시 같은 글로벌 브랜드와의 싸움을 강요받게 된다. 그것이 일본의 대다수 휴대전화 회사가 스마트폰 분야에서 고전하거나 스마트폰에서 발을 빼고 투자 부담이 적은 휴대전화기로 연명하는 이유이다.

미래를 자신의 손으로 만들어내기 위해서는 스티브 잡스나 이건희처럼 시장구조·사업구조·수익구조의 모습을 제로에서부터 단련하여 만들어낼 필요가 있다. 그 부분을 애매하게 놔둔 채 사업을 시작하면 미래는 다른 누군가가 만들고 사업은 어느 사이엔가 실패로 끝나게 된다. 손정의가 100가지 시뮬레이션을 하고 난 뒤에 비로소 사업을 시작해야 한다고 자기 자신에게 의무를 부여했던 것도 여기에 이유가 있다.

인간성과 기술이 교차하는 곳

스티브 잡스는 인간성과 기술의 교차점 혹은 인문과학과 자연과학의 교차점을 이룩했다고 말할 수 있다. 어떤 각도에서는 엔지니어로 보이고, 다른 각도에서는 아티스트로 보이는 인물이다. 스텝 1에서도 보았던 '속임수 그림' 같은 존재라고 말할 수 있을 것이다.

그런 인물이기에 기술을 사용하는 사람의 시점으로 관찰하여 GUI나 터치패널의 창조적인 사용법을 발견할 수 있었다. 유감스럽게도 GUI를 처음 만들어낸 제록스의 엔지니어들은 GUI의 진정한 가치를 보지 못했다.

또한 어느 각도에서 보면 수직통합형으로 보이고 다른 각도에서는 수평형 플랫폼으로 보이는 애플의 비즈니스 모델도 양면성을 가진 스티브 잡스라는 존재가 있었기에 탄생할 수 있었다. 사물을 한 가지 방향으로만 보는 사람에게는 지금만 보일 뿐, 미래의 가능성은 보이지 않는다. 같은 사업에도 다른 몇 가지 전략이 존재할 수 있다고 생각하는 사람만이 미래를 스스로 만들어낼 수 있는 것이다.

미래를 스스로 만들어내기 위해
다음 트레이닝에 힘써보자.

◎ 신규 사업의 주제를 하나 꼽는다. 이미 전략이 있는 경우에는 우선
   그것을 버린다.
◎ 그 사업의 시장구조와 스위트 스폿에 대하여 복수의 가능성을 그려
   본다.
◎ 스위트 스폿인 타깃 고객에 감정을 이입하고 성공요인이 될 수 있는
   것을 리스트 업 한다.
◎ 그중에서 타사가 간단히 흉내 낼 수 있는 것은 버린다.
◎ 버리고 남은 성공요인에 근거한 비즈니스 모델을 생각한다.
◎ 마지막으로 수익구조나 매출 증가를 위한 드라이버에 대하여 복수의
   가능성을 생각한다.

"상식에서 자유로워진다"

아마존─제프 베조스의 시점

Larry Page & Sergey Brin
Son Masayoshi
Steve Jobs
Jeffrey Bezos
Philip Kotler
Suzuki Toshifumi
Andrew Grove
Louis Gerstner
Lee Kuan Yew
Matsushita Konosuke

제프 베조스(Jeffrey Bezos, 1964~)

"세상에는 아직 발명되지 않은 것이 많다. 지금 새로이 일어난 일도 많다. 인터넷이 얼마나 큰 영향을 가져올지 아직은 모른다. 따라서 모든 것은 지금 막 시작되었다."

매출 70조 원의 초거대 소매업

다음에 등장하는 천재는 아마존닷컴의 제프 베조스다. 그는 1994년 인터넷 서점인 아마존닷컴을 설립했다. 추천 기능이나 다음 날 배송되는 강점을 이용해 사업을 확대하여 현재는 매출액 70조 원을 넘어섰다. 책이나 음반에 그치지 않고 가전이나 잡화 등의 상품을 다양하게 갖추어 오프라인 점포에 큰 위협을 안겨주는 존재가 되었다.

그렇다면 제프 베조스가 세상에 미친 영향에 대해 이해하기 위한 연습문제에 도전해보자.

제프 베조스로 인해 세상이 어떻게 변했는지 생각해보자. 그가 사회에 미친 영향이란 어떤 것일까?

제프 베조스는 서점의 개념을 근본부터 완전히 바꿔놓았다. 과거에는 버스나 전철을 타고 번화가에 있는 대형서점에 갔지만 지금은 킨들 스위치를 켜기만 하면 그곳에 서점이 나타난다. 이전에는 서점의 책장을 훑어보며 읽고 싶은 책을 찾고 거기에 없으면 포기했지만, 지금은 찾고 싶은 책의 키워드를 입력하기만 하면 그것과 관련된 엄청난 양의 책을 찾아 보여준다.

또한 자신이 관심 있는 책을 추천하거나 다른 사람들이 쓴 서평을 읽을 수도 있다. 전자책 단말기 킨들 덕에 책을 꽂아놓을 책장을 사거나 헌책을 팔러 가거나 끈으로 묶어 재활용품으로 내놓을 필요도 없어졌다.

책뿐 아니라 음악, 영화, 가전, 장난감, 가정용품 등도 킨들 스위치를 켜기만 하면 살 수 있게 되었다. 스티브 잡스가 컴퓨터나 전화를 '재발명'했듯이 베조스는 서점이나 소매점을 '재발견'했다.

상식은 새로운 가치를 낳지 않는다

스텝 3에서 엔지니어가 아닌 아마추어 스티브 잡스가 전자회사의 엔지니어들보다 앞서 클라우드 서비스형 비즈니스 모델을 최초로 확립한 것에 대해 말했다. 이런 의미에서 제프 베조스도 아마추어라 할 수 있다. 그는 엔지니어로서 일한 경험도, 전통적인 소매업에 종사했던 적도 없다.

그는 대학을 졸업한 뒤 월가의 헤지펀드 D. E. 쇼(D. E. Shaw &Co.)에 입사하여 수석 부사장까지 승진했다. 그러나 1994년 봄 인터넷의 잠재능력을 알아차리고 퇴사하여 전자서점을 설립했다. 기술 영역에서도 소매업의 영역에서도 글자 그대로 그는 아마추어였다.

그런데 그가 프로 소매업자들에게 큰 위협이 되고 있다. 그와 동시에 정보혁명의 총아로 떠올랐다. 1997년에는 주식 공개를 하고 인터넷 비즈니스의 성공자 중 한 사람이 된다. 1999년에는 〈타임〉 지 선정 '올해의 인물'이 되기도 했다.

정보혁명으로 각 분야의 전제조건이 크게 변할 때에는 상식에 사로잡히지 않은 아마추어가 오히려 강점을 발휘한다. 프로는 업계의 상식을 의심할 수 없지만 아마추어는 그런 시점에서 자유로울 수 있기 때문이다. '소매업에는 소매업을 위한 방법이 있다. 소비자를 아는 것은 바로 우리다. 웹 사이트에 상품을 올린다고 팔리는 게 아니다'라는 것이 프로의 시점이다. 이에 반해 제프 베조스는 다음과 같이 세상을 바라보았다.

"세상에는 아직 발명되지 않은 것이 많다. 지금 새로이 일어난 일도 많다. 인터넷이 얼마나 큰 영향을 가져올지 아직은 모른다. 따라서 모든 것은 지금 막 시작되었다."

'아직은 모른다'는 시점이 제프 베조스에게 새로운 서점의 모습을 떠올리게 했다. 상식이란 '보편적인 지식', '변함없는 것'을 의미한다. 그 때문에 상식에 물들어 있는 프로에게는 세상의 변화가 보이지 않는다. 고정된 시점의 밖으로 나올 수 없다. 그러나 그는 아마추어였기에 업계 상식에서 자유로울 수 있었다. 그 때문에 에스키모를 발견할 수 있었던 것이다.

자신의 취향에 딱 맞는 추천 기능, 원클릭으로 쇼핑을 끝내는 간편성, 주문한 다음 날, 때로는 그날 중에 책이 배송되는 속도, 그것을 가능하게 하는 풀필먼트센터(fulfillment center), 서점을 갖고 다니는 킨들 등등 업계 상식을 깨는 혁신적인 서비스를 내놓을 수 있었던 것도 '모든 것은 지금 막 시작되었다'는 시점이 바람직한 결과로 나타났기 때문이라고 말할 수 있다.

정보혁명 이후의 세계에서는 이처럼 사용자의 무의식 세계에 호소하고 놀라움과 쾌감을 가져오는 방법의 발견이야말로 가치를 낳는다. 이미 공공재가 되어버린 상식은 새로운 가치를 낳지는 않는다. 그래서 제프 베조스는 구글의 창업자처럼 철저히 신비주의를 취한다. 그것이 때때로 사회로부터 적대시되는 원인이 되기도 하지만 전혀 주눅 들지 않는다.

아마존과 유니클로는 왜 성공했는가?

소매업은 끊임없이 시행착오를 거치면서 '생각할 수 있는 모든 방법은 다 했다'고 생각하는 사람들이 많은 업계 중 하나다. 그럼에도 아마존이나 유니클로(패스트리테일링)처럼 급작스럽게 성장하는 기업이 나오는 것은 왜일까? 그것은 그 기업의 창업자가 '모든 것을 다 해봤다'는 업계 상식을 버렸기 때문이다.

여기서 업계 상식에서 자유로워지기 위한 연습문제에 도전해보자.

연습문제 4-2

다음의 회사가 급성장할 수 있었던 '성장 드라이버'를 생각해보자. 또한 각 회사가 자사의 매출액을 어떻게 정의하고 있는지(어떤 요소로 분해하는지)에 대하여 생각해보자.
①아마존닷컴
②패스트리테일링(유니클로)

일반적인 소매업의 상식에 따라 생각하면 성장 드라이버와 매출액의 정의는 아래와 같다(그림 8). 아마존닷컴과 패스트리테일링은 이것과는 다소 다른 시점을 가진다.

| 그림8 | 일반적인 소매기업의 수익구조

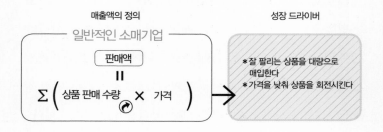

먼저 아마존인데, 일반적인 소매업의 시점과 달리 취급하는 상품을 다양하게 갖춤으로써 매출액을 높여온 것을 성장 드라이버로 꼽을 수 있다. 오프라인 점포를 두지 않음으로써 비용을 줄이고 '롱테일'이라 불리는 다품종 소량형의 상품군을 갖추었던 것과 풀필먼트센터(물류창고)에 투자하여 다양한 재고를 갖췄던 것이 성공요인이라고 말할 수 있다.

또한 '이 책을 산 사람은 그 외에도 이런 책을 샀다'는 추천 기능을 제공하여 책 한 권을 사러 온 사람에게 두세 권을 교차 판매한 것도 매출 증가의 드라이버가 되었음을 알 수 있다(**그림 9**).

사고 싶은 옷이 없는 옷가게

이어서 패스트리테일링의 성장 드라이버에 대하여 생각해보자. 그 열쇠는 '패스트리테일링'이라는 회사명에 있다. 왜 야나이 다다시(柳井正) 사장은 '패스트'라는 말을 회사 이름에 붙였을까? 그것은 패스트푸드에서 유래한다. 야나이는 "패스트푸드는 식품의 고속가공 비즈니스이지만, 우리는 복식의 고속가공 비즈니스"라고 말한다. 결국 고속가공이라는 의미가 담긴 것이다.

야나이는 현장주의자로 옛날부터 자주 점포를 찾아가 고객의 움직임을 관찰했다. 그러는 가운데 그의 무의식 세계에 무언가가 걸렸다. 그것은 일부러 차를 타고 쇼핑을 왔음에도 아무것도 사지 않고 돌아가는 사람이 꽤 많다는 사실이었다. 결국 그들이 사고 싶은 옷이 없었던 것이다.

왜 사고 싶은 옷이 없을까? 당시 패션업계에서는 상품을 기획하여 점포에 진열하는 데까지 무려 6개월이라는 시간이 걸렸다. 6개월 전에 기획한 옷이 팔릴지 말지는 마치 복권에 당첨되는 확률과 같다.

따라서 그때그때 유행하는 옷을 서둘러 판다, 추가 생산을 하려고 해도 곧 품절이라 재고가 없다, 반대로 유행하지 않는

| 그림9 | 아마존의 수익구조

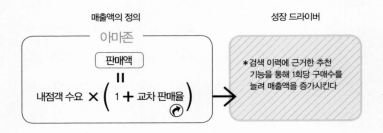

옷은 늘 진열장을 차지한다. 그 결과 '입고 싶지 않은 옷이 진열된 점포'가 되어버린다. 그리고 시즌이 끝나면 팔다 남은 옷을 대량으로 폐기한다.

유니클로가 벗어버린 상식

당시 이것은 패션업계 관계자에게는 너무도 당연한 일이었다. 모두들 '패션업계는 그렇다'는 식으로 세계를 보았다. 그런데 야나이 다다시는 그저 낭비로밖에 보지 않았다. 그때 그의 의식 세계에 '고속가공'이라는 시점이 번뜩였다. 6개월이 아니라 2개월로 옷을 생산할 수 있다면 지금 거리에서 유행하는

| 그림10 | 패스트리테일링의 수익구조

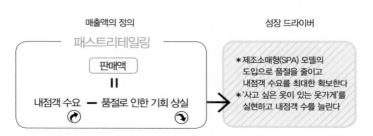

옷을 다량 생산하여 점포에 진열할 수 있다. 그러면 사고 싶은 옷이 있는 점포를 실현할 수 있다.

그러기 위해서 SPA라 불리는 제조소매형의 비즈니스 모델을 확립하고 고속가공을 가능하게 했다. 이 고속가공 기능이 없었다면 '후리스'의 유행도 일으키지 못했다. 순식간에 팔리면 다음 날부터 품절 상태가 되어 게임오버가 될 테니 말이다. 품절로 인한 기회 상실을 줄이는 것이 성장 드라이버가 된다는 데 착안한 것으로, 잘 팔리는 상품을 단기간에 생산하여 회전율을 최대한으로 끌어올려 급성장을 달성할 수 있었다. 또 그것이 사고 싶은 옷이 있는 점포 만들기를 가능하게 해 단숨에 내점객 수를 증가시키는 데 성공했다(**그림 10**).

야나이 다다시는 '생각해보면 당연한 일인데 일본에서는 아직 아무도 하지 않았다'고 말한다. 분명 당연한 일이다. 하지만 당시 업계 관계자는 에스키모를 볼 수 없었다. 다들 야나이 다다시와 똑같은 현상을 보면서도 업계 상식이 '보고 있지만 보이지 않는' 상태를 만들었다. 그러나 야나이는 그것에 의심의 눈초리를 보냄으로써 누구보다 빨리 '사고 싶은 옷이 있는 옷가게'라는 세계관을 발견했다.

이 밖에도 브랜드 상품은 비싸고 좋은 옷이고 논 브랜드는 싸고 나쁜 옷이라는 업계 상식을 깨고 '싸고 좋은 옷'이라는 새로운 시점을 확립했다. 또한 옷에 개성이 필요한 것이 아니라 입는 사람이 잘 입었을 때에 비로소 개성으로 발휘된다는 시점에 근거한 광고를 세상에 내놓는다. 여기서 업계 상식을 버리면 사람이 얼마나 자유로워질 수 있는지 알 수 있다.

기득권에 매달리는 기존 선수들

아마존의 제프 베조스로 돌아가보자. 업계 상식을 의심한다는 것은 대부분의 경우 업계 관계자를 적으로 돌리는 것을 의미한다. 아마존도 지금까지 반디앤루니스를 비롯한 대형 체인 서점이나 출판사, 토이저러스 같은 서적 외 제품의 대형 소매 기업 등 업계의 강자와 격렬히 충돌해왔다. 그러나 아마존 같은 아마추어가 프로를 이기는 일이 있다. 그것은 왜일까?

업계 상식 중에는 많든 적든 기만이 숨어 있기 때문이다. 고객의 이익이 아닌 자신들의 기득권을 지키려는 기만이다. 그렇다면 여기서 연습문제를 생각해보자.

당신이 잘 알고 있는 업계 상식 몇 가지를 떠올려보자. 그중에 고객의 이익보다 사업자의 이익을 더 우선하는 기만이 감춰져 있지는 않은지 생각해보자.

    업계 상식이란 많은 경우 '자신들은 프로이고 고객은 아마추어'라는 시점에 근거한다. 이 때문에 '고객은 올바른 판단을 할 수 없다', '자신들의 방식이 월등하다', '자신들에게 쉬운 것이 옳은 방식이다', '따라서 자신들은 높은 대가를 요구할 자격이 있다', '그럼에도 불구하고 고객은 그것을 알지 못한다'는 기만이 생기기 쉽다.

    예컨대 '높은 기술력이 좋은 제품을 낳는다'는 제조사 개발자의 머릿속에는 '제품이 좋은지 나쁜지는 제조사의 기술력이 결정한다'는 시점이 있다. 그러나 소비자의 입장에서 보면 지나친 오지랖일 뿐으로 제품이 좋은지 나쁜지는 소비자가 결정한다. '공공성이 높은 서비스는 고객에게 폐를 끼치지 않기 위해서 불안정한 신규 참가자에게 맡겨서는 안 된다'는 통신회사·전력회사·우체국·금융기관은, 왜 소프트뱅크나 야마토 운송, 인터넷 생명보험이 사업을 확대하고 있는지를 생각해볼 필요가 있다.

실제로 제프 베조스는 다음과 같이 말한다.

"우리는 진실로 고객 제일이다. 그러나 대부분의 기업은 다르다. 고객이 아닌 라이벌 기업만 신경 쓴다."

결국 자신의 영역이나 기득권을 위협하는 라이벌에게 의식을 빼앗긴 바람에 고객은 보이지 않게 된다. 제프 베조스는 거기서 기회를 발견하고 '고객에게 최선의 판단을 할 기회를 제공하는' 것에서 자사의 가치를 찾아낸다. 그 결과 업계 관계자가 꺼리는 일을 하거나 때로는 자신에게도 불리한 일을 실행에 옮기기도 한다.

부정적인 리뷰도 그대로 게재하여 출판사나 작가에게 시달리는 일도 일상다반사다. 출판사나 제조사가 판매력을 동원하여 팔게 만들거나 라이벌 기업끼리 가격경쟁을 붙이는 일을 주저하지 않는다. 그것이 고객을 위한 것이라 생각하기 때문이다.

제3자가 파는 중고서적을 신간과 나란히 팔아 더 싼 것을 고객이 선택하게 한다. 그 결과 매출이 감소할 것을 우려하는 출판협회나 인세가 줄 것을 걱정한 작가들로부터 거센 항의를 받아도 끄떡하지 않는다. 그러기는커녕 자사 내에서 신품을 파는 부서마저도 적으로 돌린다.

그 외에도 배송료 무료나 매상세 제로라는 서비스를 제공한다. 아직 중소기업이던 시대에 돌연 '시어즈(Sears, 미국에 있는 대형 백화점-옮긴이)가 되겠다'고 말한다. 이런 구상을 차례로 내놓았기 때문에 그의 주위는 우왕좌왕한다.

사내 관계자는 '늘 있는 일로, 제프 vs. 세계라는 느낌'이라고 말한다. 그래도 고객의 이익을 추구하는 일이 결과적으로 아마존의 발전으로 이어진다는 것이 이후 밝혀진다. 제프 베조스는 세상의 상식이 잘못되어 있음을 끊임없이 증명해왔던 것이다.

스티브 잡스와 제프 베조스의 공통점

닷컴 거품이 붕괴되었을 즈음 리먼 브라더스의 애널리스트 라비 스리아가 아마존의 도산을 예측했다. 그것은 인터넷 혁명으로 기득권을 위협받던 사람들에게는 크게 환영할 만한 좋은 소식이었고, 한때 사회 전체가 아마존을 적으로 돌리는 양상을 띠기도 했다.

그러나 고객의 이익으로 이어지는 일을 하면 반드시 세상이 필요로 하는 존재가 될 것이라 생각한 제프 베조스는 조금도 움직이지 않았다. 그 결과, 아마존은 닷컴 거품이 무너지는 가운데서도 살아남아 사회의 시점을 뒤엎는 데 성공했다. 오히려 그 후 리먼 브라더스가 도산했으니 참으로 아이러니하다. 베조스는 이렇게 말한다.

"나는 돈의 망령이 아니라 전도사다. 다만 아이러니하게도 전도사가 돈을 벌고 있다."

제프 베조스는 스티브 잡스와 또 한 가지 공통점이 있다. 그것은 양자(養子)라는 사실이다. 제프 베조스의 친부는 테드 요르겐센이라는 사람으로, 뉴멕시코 주의 도시 앨버커키에서 일륜차를 타는 서커스 단원이었다. 고등학생 때 2년 아래의 재키 가이스와 교제를 시작하여 곧 제프를 낳았다. 그런데 요르겐센은 술에 약한 데가 있어 이윽고 두 사람은 이혼한다. 그 뒤 재키는 재혼하고 제프는 계부와 살게 되었다. 계부의 이름은 미구엘 베조스로 쿠바에서 탈출한 이민자 출신이었다. 결국 잡스도 베조스도 친아버지가 아닌 새아버지 밑에서 자랐다.

이런 처지가 '나는 누구인가'라는 질문을 강렬히 의식하게 만들었음을 쉽게 상상할 수 있다. 주위의 상식에 맞추려는 평범한 사람이 아니라 강한 자기주장으로 주위의 시점을 바꾸려는 인격은 이렇게 만들어졌다고 볼 수 있다.

상식에 사로잡히는 것은 본능

그렇다면 왜 우리는 상식에 사로잡히고 마는 것일까? 이것도 인간의 뇌 구조에 그 원인이 있다. 사람의 의식 세계는 동시에 복수의 것을 생각할 수 없도록 만들어져 있다. 컴퓨터의 프로세서처럼 정보를 하나씩 처리해가도록 되어 있다. 그곳에 복수의 정보를 집어넣으면 폭발하고 만다.

그러나 그것으로는 우리가 생존하는 데 지장이 있다. 접객이나 자동차 운전 같은 고도의 활동을 할 때는 동시에 여러 상황 판단이 요구된다. 여기서 생겨난 것이 '상식'이다.

파블로프의 개 이야기를 떠올려보면 알 수 있듯이 고등동물에게는 과거의 거듭된 성공 경험을 자신의 몸에 각인시키는 본능이 있다. 결국 어떤 종류의 자극이 들어왔을 때 무의식 세계의 검색에 걸려 나오는 과거의 경험이 고정화되고 반사적으로 특정 시점이나 행동을 선택하게 된다. 이것으로 뇌를 사용하지 않아도 상황에 대응할 수 있다.

그러나 이것은 이점이 있는 반면 부정적으로 작용하기도 한다. 어느 자극에 대한 무의식 세계의 검색 활동이 한 가지 패턴이 되어버리면 그 이외의 시점이 생기지 않는다. 그 결과 다른 사람에게는 보이는 변화가 자신에게는 보이지 않게 된다.

"전자상거래가 이렇듯 커지게 될 것을 점포를 가진 소매점도 대부분 보았을 것"이라고 말하는 사람이 있다. 그러나 보았다면 어떤 행동을 취했을 것이다. 행동하지 않았다는 것은 에스키모가 보이지 않았다는 것을 의미한다.

게다가 상식이 까다로운 것은 그것이 본능과 떼려야 뗄 수 없기 때문이다. 상식을 의심한다는 것은 본능을 의심하는 것과 같다. 본능적으로 옳다고 느끼는 것을 어떻게 의심할 수 있겠는가. 따라서 각인된 상식은 쉽게 버릴 수 없다. 그러나 정보혁명으로 인해 지금까지의 상식이나 전제조건이 무너지는 시대에는 본능을 의심할 수 있는 사람이 살아남는다.

제프 베조스는 '우리는 언스토어(un-store)'라는 말을 한다. 앞으로는 '소매업'이라는 시점 자체를 의심하려는 의지가 담겼다. 그런 자세에서 새로운 세계의 시점이 생겨나고 새로운 성공 패턴을 발견할 수 있다. 그리고 그것이 다음 시대의 상식이 되어간다. 제프 베조스는 유니클로의 야나이 다다시와 같은 말을 한다.

"잘 생각해보면 당연한 일이지만 아무도 하지 않은 일이었다."

이노베이션을 낳는 뇌 구조

각인된 업계 상식에서 자유로워지고 새로운 발견을 가능하게 하기 위해서는 업계 밖으로 나가 외부와 접촉하는 것이 좋다. 최근 몇 년간 오픈 이노베이션의 중요성이 강조되는 것은 여기에 이유가 있다. 회사 바깥과 접촉함으로써 어떻게 이노베이션이 촉진되는가? 거기에는 명확한 이유가 있다.

여기서 다시 연습문제를 풀어보자.

접점이 없는 외부 사람들과 만나는 일이 이노베이션을 촉진시키는 것으로 이어지는 메커니즘에 대하여 생각해보자.

| 힌트
스텝 1에서 소개했던 이노베이션을 낳는 뇌의 메커니즘과 관계가 있다.

스텝 1에서 인간의 뇌가 이노베이션을 만들어내는 메커니즘에 대하여 소개했다. 여기서는 그 이야기를 이어가고자 한다. 인류 역사를 원시 시대로 거슬러 올라가면, 처음 토기를 굽거나 금속을 가공하는 획기적인 이노베이션이 일어난 시기와 인류의 집단 규모가 커지는 시기는 거의 일치한다. 집단의 운영 능력이 높아져 많은 집단을 흡수하거나 통합한 결과 다양한 사람이 모여 생활하는 환경이 새로이 형성된다. 그것이 이노베이션을 촉진시켰던 것은 아닐까.

다양한 경험에 태그가 붙고 무의식 세계에 축적된다. 그리고 얼핏 무관한 개념이 검색 활동에 걸려 새로운 메타개념이 탄생한다. 그것이 이노베이션의 메커니즘이었다.

그렇게 생각하면, 배경이 다른 사람들이 모이는 것은 지금까지 없던 새로운 자극이 들어온다는 것을 의미한다. 그것에 태그가 붙고 다양한 개념이 축적된다. 또한 다른 검색 패턴을 가진 사람들이 집단에 들어오는 것을 의미하기도 한다. 이것이 집단의 규모 확대와 이노베이션이 거의 동시기에 일어난 것을 설명하는 하나의 시점이다.

아무나 만나도 좋은 것은 아니다

이 가설이 옳다면, 새로운 아이디어를 발견하기 위해서는 평소 접점이 없는 사람들과 만나는 것이 효과를 발휘한다. 실제로 실리콘 밸리가 정보통신업계나 바이오사이언스 영역에서 세계적인 이노베이션의 중심지가 된 것은 그곳에 다양한 국적, 문화, 업계의 사람들이 모여들어 창조적인 실험이 밤낮없이 이뤄지고 있기 때문이다.

단, 여기서 주의해야 할 것이 있다. 그것은 만나는 상대가 누구든 좋은 것은 아니라는 사실이다. 과거 어느 기업이 새로운 이노베이션을 만들어내기 위하여 음악가나 배우를 연구소에 초대하여 브레인스토밍을 한 적이 있다. 그러나 그것이 새로운 발견으로 이어졌다는 이야기를 듣지는 못했다. 결국, 이야기하는 상대가 누구든 좋은 것이 아니라 여기에는 적절한 범위가 존재한다.

그에 대해 생각해보기 위하여 샤프의 '긴급 프로젝트'를 소개하고 싶다. 샤프의 긴급 프로젝트란, 전략제품을 개발하기 위해 필요한 인재, 경영자원을 사내에서 폭넓게 모으기 위한 조직 운영 기술이다. 프로젝트 리더로 선발된 사람에게는 임원이 착용하는 '금배지'가 주어졌다. 그 위력은 막강하여 그 프로젝트의 추진에 필요한 사람, 자금, 설비를 최우선적으로 조달받을 수 있었다.

대부분의 기업에서는 프로젝트 리더가 '이 인재를 3개월만 빌리자'고 해도 소속 부장이 이런저런 이유를 들어 내놓지 않는 일이 많다. 그 결과 필요한 지식을 가진 인재를 모으지 못해 프로젝트가 진행되지 못하거나 주저앉는다. 그것을 막기 위해 샤프는 전략제품의 프로젝트 리더에게 강력한 권력을 안겨주었다. 그런 까닭으로 전자수첩 자우루스나 액정 TV 아쿠오스 같은 우수한 제품을 보다 일찍 세상에 내놓는 데 성공했다.

이들 제품을 개발하기 위해서는 다양한 지식이 필요하다.

반도체, 액정 등의 부자재부터 정보 단말이나 TV라는 완성품에 이르기까지 여러 사업부문, 인재가 관여한다. 이들 소속이 다른 사람들, 각 부문의 최고 인재가 한데 모여 협업함으로써 다양한 개념이 다양한 검색 패턴에 걸리고 새로운 발견을 촉진시켰다. 이것이 긴급 프로젝트가 이노베이션을 낳은 메커니즘이다.

오픈 이노베이션의 열쇠

그런데 이 긴급 프로젝트가 '갈라파고스'라는 제품에서는 웬일인지 성공으로 이어지지 않았다. 갈라파고스는 iPad의 전신이 되는 제품으로 전자수첩이나 워드프로세서로도 사용할 수 있고, 전자신문이나 전자서적도 수신할 수 있다. 그런데 판매를 시작한 지 얼마 되지 않아서 생산 중단을 결정했다.

그 이후 애플이 iPad를 판매하며 갈라파고스가 하려던 일을 모두 실현시켰다. 두 회사 사이에는 대체 어떤 차이가 있었던 것일까? 여기서 다시 연습문제를 풀어보자.

**샤프의 갈라파고스 긴급 프로젝트가 이노베이션으로 이어지지 못한 이유를
생각해보자.**

| 힌트
동시에 검색에 걸려야 하는 복수의 개념은 뭐든 좋은 것이 아니라 적절한 범위
가 있다.

긴급 프로젝트란 사내의 다양한 분야에 흩어져 있는 인재를
모으는 조직 운영 기술이다. 그것은 '사내에 있는 지식으로 새
로운 제품을 만들 수 있다'는 암묵적인 전제가 있기에 가능하
다. 그러나 갈라파고스는 전자신문이나 전자서적 같은 콘텐츠
가 있을 때 비로소 살 수 있는 제품이다. 그것이 없다면 단지
전자수첩이 될 수밖에 없다. 이 콘텐츠를 갖추는 것이 장애가
되어 매력적인 제품으로서 힘을 발휘하지 못했다. 그러나 iPad
는 이 점을 극복하고 다양한 콘텐츠와 어플리케이션을 탑재함
으로써 매력적인 제품으로 완성되었다.

긴급 프로젝트가 자우루스나 아쿠오스에서 성공했던 것은
거기에 필요한 지식이 반도체나 액정 같은 '부품'과 정보 단말

이나 TV 같은 '완성품'이라는 차원에 한정되어 있었기 때문이다. 그 범위라면 사내에 얼마든지 인재가 있다.

그러나 갈라파고스나 iPad는 거기에 그치지 않는다. 부품과 완성품이라는 차원에 더하여 콘텐츠나 어플리케이션을 움직이는 플랫폼 차원의 지식이 필요했던 것이다. 거기서는 소프트웨어나 통신, 저작권 보호에 관한 지식이 요구된다. 그것들에 관하여 충분한 지식을 내놓을 수 있는 인재는 샤프 내에는 없었다. 그렇다면 회사 밖의 인재를 끌어들일 필요가 있었다. 결국 오픈 이노베이션이다.

달리 말하면, iPad 같은 제품을 만든다는 것은 단순히 제품에 그치는 것이 아니라, 플랫폼형 비즈니스 모델을 만드는 것을 의미한다. 그 때문에 문제가 복잡해지고 그 규모도 기업의 기량을 초월하고 말았던 것이다.

여기에 대응하기 위해서는 사외의 파트너나 에코시스템을 활용하는 수밖에 없다. 그것을 해낸 것이 스티브 잡스다. '긴급 프로젝트'라는 시점에서는 사내의 경영자원은 보여도 사외는 보이지 않는다.

이 경우로 알 수 있듯이 그저 다양한 경험을 가진 사람들을 모아놓는다고 일이 되는 것은 아니다. 미래의 제품이나 비즈니스 모델의 구조를 해명하고, 그것에 필요한 사람과 지식의 범위를 적절히 상정하는 것이 중요하다. 이때 과거의 성공 체험이나 업계 상식을 의심할 필요도 있다. 그것이 오픈 이노베이션을 성공시키기 위한 열쇠가 된다.

상식에서 자유로워지기 위하여
다음의 트레이닝에 힘써보자.

◎ 새로운 사업 주제를 하나 고른다.

◎ 그 사업과 관련된 '업계 상식'을 노트에 적는다.

◎ 거기에 적힌 것 중에 숨어 있는 '기만'에 대하여 생각한다.

◎ 거기서 고객에게 제공할 수 있는 새로운 가치에 대하여 생각해본다.

◎ 상품이나 서비스가 이용되는 장면이나 그것이 제공되는 비즈니스
   모델의 전체상을 머릿속에 그려보면서 새롭게 어떤 지식이 필요한지
   생각해본다.

◎ 그런 지식을 가진 사람 혹은 그런 사람을 알고 있는 사람과 접촉하여
   자신의 가설을 들려주고 의견을 교환해본다.

"사람의 내면을 본다"

마케팅의 아버지— 필립 코틀러의 시점

Larry Page & Sergey Brin
Son Masayoshi
Steve Jobs
Jeffrey Bezos
Philip Kotler
Suzuki Toshifumi
Andrew Grove
Louis Gerstner
Lee Kuan Yew
Matsushita Konosuke

필립 코틀러(Philip Kotler, 1931~)

"시장의 변화란 본질적으로 고객의 행동 변화다. 새로운 가치를 어디에서 발견할 것인가, 무엇을 중요하다고 생각하게 되었는가 등 고객의 움직임을 알아차리고 가치의 재정의를 서두르지 않으면 안 되는 것이다."

비즈니스 시점을 바꾼 천재

지금까지 소개한 천재들은 미국 혹은 일본의 IT 벤처 창업자들이다. 정보혁명으로 비즈니스 환경이 크게 변해가는 가운데 지금까지 없던 비즈니스 모델을 만들고 업계의 일인자가 된 인물들이다.

여기서는 조금 시점을 바꿔 마케팅의 대가인 필립 코틀러에 대하여 살펴보고 싶다. 마케팅이란 비즈니스에 중요한 시점을 제공해온 학문이다. 게다가 시대의 흐름에 맞춰 마케팅 이론 자체의 시점도 변하고 있다. 코틀러가 '근대 마케팅의 아버지',

'마케팅의 신'이라 불리는 것은 그처럼 학문 자체의 시점 변화를 이끌어왔기 때문이다.

코틀러는 원래 시카고 대학교에서 경제학을 공부하고, 그 뒤 매사추세츠 공과대학(MIT)에서 경제학 박사과정을 수료한다. 그때 심사 면접관이었던 사람이 '현대 경제학의 아버지'라 불리는 폴 새뮤얼슨(Paul Samuelson)이었다. 새뮤얼슨은 노벨 경제학상을 수상하고 경제학을 '사회과학의 여왕'이란 지위로 끌어올린 인물이다. 새뮤얼슨 자신이 하버드 대학교에서 경제학 박사를 땄을 때의 이야기다. 심사위원인 세 명의 고명한 교수가 면접이 끝난 뒤에 얼굴을 마주보고 "오히려 우리가 새뮤얼슨에게 합격점을 받았을까?"라고 말했다는 일화가 남을 정도로 괴짜였다.

이 새뮤얼슨이 필립 코틀러를 면접 보는 장소에서 질문을 던졌다.

"마르크스의 노동가치설에 대하여 어떻게 생각하는가?"

이에 대해 코틀러는 다음과 같이 답했다.

"가치는 소비체험 속에서 인식됩니다."

노동가치설이란 사물 가치의 본질은 그것을 생산하기 위해

투입된 노동에 기인한다는 사고방식이다. 새뮤얼슨이 사물의 가치가 어떻게 만들어지는가를 주제로 질문을 던진 것에 대하여, 코틀러는 사물의 가치가 어떻게 인식되는가로 답했다. 왠지 선문답 같은 대화로 들린다. 결국 가치가 만들어지는 과정만을 봐서는 불충분하고 가치가 인식되는 과정도 시야에 넣어야 비로소 전체상을 파악할 수 있다는 말이다. 이 시점은 새뮤얼슨 자신이 현대 경제학을 확립한 사고방식과 일치하는 동시에 새뮤얼슨의 수학적 수법의 한계도 언급하는 것이었다. 이것이 이후 코틀러의 마케팅 이론의 기본적인 시점이 된다.

가치를 보는 시점을 바꾸다

코틀러는 그 후 노스웨스턴 대학교 켈로그 경영대학원에 불려가 경제학과 마케팅 중 어느 하나를 가르칠지 선택하게 된다. 코틀러를 부른 경영대학원 학장 도널드 제이콥스(Donald Jacobs)는 "자네가 정식으로 마케팅을 배운 적이 없다는 것을 아네. 전공이 다르기에 새로운 시점을 도입할 수 있지 않을까"라고 말했다고 한다. 코틀러도 이 제안을 받아들여 '경제학은 이미 발전한 분야다. 독자적인 이론을 만들어낼 가능성은 마케팅이 높다'는 생각에서 마케팅의 길을 걷기로 결심한다.

두 사람의 예견은 적중하여 그 후 코틀러는 마케팅 이론의 발전을 이끌어가는 존재가 된다. 마케팅은 기업 활동과 하나이기에 기업이 직면하는 환경 변화에 맞춰 마케팅 이론 자체도 변화해가는 것이 마땅하다.

필립 코틀러는 마케팅에 관한 시점을 과거 적어도 두 번 전환시켰다. 처음에는 미국 경제가 성장기에서 성숙기로 바뀐 1970년대, 다음은 정보혁명이 일어난 최근의 이야기다. 여기서는 마케팅 이론의 변천, '가치는 어떻게 인식되는가'에 관한 시점 변화에 대하여 생각해보기를 바란다.

연습문제 5-1

성장기에서 성숙기로 전환했을 때 소비자의 시점이 어떻게 변했는지를 생각해보자. 또한 정보혁명으로 소비행동이 어떻게 변화해왔는지도 생각해보자.

대중을 상대로 한 마케팅은 산업혁명이 일어나면서부터 비

로소 필요해졌다. 물건을 대량으로 싸게 생산하고 소비자에게 보내기 위하여 매스 마켓에 필수품을 대량으로 판매하는 기술이 요구되었던 것이다. 누구나가 필요로 하는 필수품이 대상이었기 때문에 초기 마케팅은 '소비자에게 상품의 존재를 알리기만 해도 팔린다'는 전제로 한 프로덕트 아웃형, 푸시형 접근이 많았다.

그런데 1970년대가 되자 미국 경제가 포화 상태가 되고 차츰 물건이 넘치게 되었다. 대부분 가정에서 필수품은 이미 동경의 대상이 아니었다. 이때부터 소비자는 자신의 기호에 맞는 것을 선택하고 구입한다. 이런 추세에 맞춰 마케팅 이론에 '고객을 분류한다'는 사고방식(세그먼테이션)이 도입된다. 고객을 세밀하게 그룹으로 나누고 보다 깊이 이해한다. 상품이 아니라 고객을 보려는 사고방식이 등장한 것이다.

이때부터 고객이 어떤 경우 가치를 인정하는지, 무엇에 공감을 느끼고 아이덴티티를 느끼는지를 논의의 주제로 삼았다. 거기에서 상품을 초월한 '브랜드'라는 것을 주목하게 된다. 결국 마케팅은 상품을 판매하는 기술이기 때문에 타깃으로 삼는 소비자를 알고 계속적인 관계를 구축하는 학문으로 발전했던 것이다.

그 시점에서 마케팅은 물건을 만들어 파는 기업을 위한 것만이 아니게 된다. 이른 단계부터 코틀러가 공공부문의 마케팅에 관심을 가진 것도 이 때문이다. 정부나 미술관, 대학 등의 공공부문에서도 시민이나 학생과의 관계를 어떻게 지속적으로 형성해갈지는 큰 문제로, 그것을 해결함으로써 마케팅의 가능성이 더욱 넓어진다고 생각했다.

돈이나 상품에서 사람으로

그 뒤 이번에는 정보혁명이 일어났다. 정보통신기술이 발달함으로써 SNS를 통해 소비자가 서로 연결되었다. 그 결과, 소비자 자신이 블로그를 통해서 상품에 관한 정보를 발신하게 되고 다른 소비자는 제조사보다 다른 소비자의 블로그를 더 신용하게 되었다. 또한 같은 가치관을 가진 사람들의 커뮤니티가 생김으로써 소비자 참가형 상품 개발을 도입하는 기업도 나타나게 되었다.

혹은 애플처럼 열광적인 팬이 참가하여 스토리를 제공하는 기업도 나타났다. 기업은 이미 주주만의 것이 아니었다. 아무리 돈을 벌어도 소비자를 배신하는 일은 용납되지 않는다. 그것은 직원도 마찬가지로 앱스토어처럼 직원과 고객이 같이 스토리를 만드는 장소를 제공하는 것이 기업의 역할로 변했던 것이다.

이런 기업은 애플만이 아니다. 스타벅스, 디즈니랜드, 호시노 리조트 등을 봐도 변화의 싹이 보인다. 고객이나 직원이 기업과 함께 가치를 공동으로 만들어내는 시대로 옮겨 가고 있는 것이다.

산업혁명 시대에는 돈이나 물건이 주역이었다. 기업이 경영 자원을 동원하여 가치 있는 물건을 만들었다. 소비자는 열심히 기업에서 일하고 모은 돈으로 갖고 싶은 물건을 샀다. 그러나 정보혁명의 시대에는 정보가 공짜로 제공된다. 음악도 영상도 게임도 뉴스도 최저한의 것은 공짜로 즐길 수 있다. 그렇게 되면 돈을 저축하고 '언젠가는 크라운'(도요타의 고급 승용차 광고 카피-옮긴이)이라는 인내심 강한 소비자나 종업원은 없어진다.

상품이나 정보는 이미 희소하지 않고 소비자는 자신의 가치관을 채워주는 친구나 참가형 스토리를 희구하게 된다. 몇 년 전부터 기다리는 것이 아니라 지금 당장 의미 있는 활동에 멤

버로 참가하는 것이 가치 있는 일로 변하고 있다. 결국 돈이나 상품을 대신하여 사람이 주인공이 되었다.

신상품이 아닌 뉴 이미지를 만드는 펩시

이처럼 물건으로 가득한 시대의 마케팅은 상품이 아니라 고객의 내면을 이해하는 것이 중요하다. 그런 요구에 대응하기 위하여 마케팅이 만들어낸 획기적인 수법이 '세그먼테이션'이라 불리는 고객 분류 수법이다. 이것을 사용하여 펩시콜라가 코카콜라에게서 큰 시장점유율을 빼앗아오는 데 성공했던 것이 지금은 마케팅 세계의 전설이 된 '콜라전쟁'이다. 고객을 앎으로써 큰 가치를 만들어낼 수 있다는 것을 이해하는 데 이것만큼 멋진 소재도 없기 때문에 여기서는 콜라전쟁을 사용하여 몇 가지 연습문제를 제시하고자 한다.

콜라전쟁은 몇 개의 무대로 나뉜다. 첫 번째 무대는 1960년대다. 펩시는 '젊고 도전적이고 도회적인 브랜드'로서 소비자의 가슴에 각인되기 위하여 젊은 아티스트를 광고에 기용하는 등 적극적인 광고와 이벤트를 추진했다. 이 '펩시 제너레이션

(Pepsi Generation)'이라 불리는 활동은 놀라우리만큼 큰 성과를 거둬 단숨에 펩시를 코카콜라에 대항할 수 있는 일대 브랜드로 끌어올렸다.

비즈니스 기회를 보는 방식을 바꾼다

여기서 펩시가 취했던 것이 고객을 분류하는 방법이다. 소비자를 '젊고 도전적이고 도회적인 사람'과 '그 외의 사람'으로 크게 나누고 전자는 펩시를 마시자고 했던 것이다. 이로써 자신은 '젊고 도전적이고 도회적'이라고 생각하는 사람이 스스로 펩시를 선택하게 되었다.

여기서 주목해야 할 것은 펩시가 새로이 획기적인 상품을 내놓은 것이 아니라는 점이다. 상품을 보면 왜 펩시가 단숨에 시장점유율을 빼앗을 수 있었는지 알 수 없다. 코카콜라도 펩시콜라도 눈을 가리면 알 수 없을 만큼 맛에 큰 차이는 없다. 달라진 것은 상품이 아니라 소비자의 인식이다. 자신은 '젊고 도전적이고 도회적'이라고 생각하는 사람이 펩시라고 쓰인 병을 손에 드는 것만으로 그렇게 보이는 환경을 준비했던 것이다. 그것이 소비자의 행동을 단숨에 바꿔놓았다.

이것을 스텝 2에서 증권회사의 시장구조를 해명할 때 사용한 그림을 사용하여 표현하면 다음과 같다(**그림 11**). 왼쪽 그림은 아직 고객을 분류한다는 개념 자체가 존재하지 않았을 무렵의 것으로, 코카콜라가 시장의 중심을 차지하고 펩시콜라가 그 주변에 놓이는 형태다. 그런데 오른쪽 그림에서는 펩시가 처음으로 고객을 두 그룹으로 분류하고 도전적인 젊은 사람을 코카콜라에서 분리하는 데 성공했다.

이처럼 고객이나 시장을 어떻게 보는가에 따라서 비즈니스 기회를 보는 눈이 달라진다는 것을 알 수 있다.

펩시의 도전은 왜 성공했는가

다음에 펩시가 벌인 공격은 1975년부터 시작되는 '펩시 챌린지'다. 미국 전역에서 콜라 애호가를 모아 펩시와 코카콜라의 블라인드 테스트를 벌였다. 눈을 가린 상태에서 맛으로 선택하게 하는 실험인데, 여기서 과반수의 사람이 펩시를 선택하는 경향이 두드러지면서 '맛으로 선택하는 사람은 펩시'라는 이미지를 만들어내는 데 성공했다.

　나도 미국에 있었을 때 마케팅 수업에서 이 실험의 재현에 참가한 적이 있다. 미국인은 콜라에 집착하는 사람이 많아 처음에는 모두 '나는 코카콜라밖에 먹지 않는다. 펩시는 너무 달아서 싫다'거나 '나는 누구보다도 펩시를 사랑한다'고 주장했다. 그런데 '펩시는 너무 달아서 싫다'고 말했던 사람이 코카콜라라고 선택한 것이 사실은 펩시였거나 혹은 그 반대이거나 하는 일이 비일비재했다. 사람의 미각이 얼마나 믿을 게 못 되는지를 알 수 있었다.

| **그림11** | 케이스 스터디 : 콜라전쟁 1

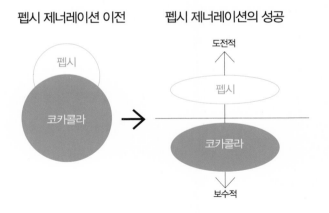

달리 말하면 코카콜라와 펩시의 맛에는 보통 사람이 구분할 만큼의 차이는 없었던 것이다. 그럼에도 불구하고 펩시 챌린지는 큰 성공을 거뒀다. 그렇다면 여기서 연습문제를 풀어보자.

앞서 펩시 제너레이션의 그림을 참고하면서 펩시 챌린지 때 일어났던 일을 표현해보자.

| 힌트
고객을 분류하는 것이 세그먼테이션의 본질이다.

여기서 펩시는 고객을 분류하기 위해 제2의 축을 도입했다. 그것은 '당신은 맛으로 선택할 것인가, 아니면 브랜드로 선택할 것인가'라는 것이다. 이에 대해 자신은 '맛으로 선택한다'는 소비자를 코카콜라에서 빼앗는 데 성공했던 것이다. 옆쪽의 **그림 12**에서 왼쪽 아래 영역을 추가로 빼앗게 된다.

여기서도 실제로 맛에 큰 차이가 없었던 것은 명백하다. 맛을 구분할 수 없지만 왠지 과반수의 사람이 펩시를 선택하는 경향을 이용하여 '맛으로 선택한 사람은 펩시'라는 인식을 만들어내는 데 성공했다. 이로써 '나는 맛의 차이를 안다'고 생각하는 사람, '이왕 마실 거라면 맛있는 쪽이 좋다'고 생각하는 사람이 펩시라고 적힌 병을 선택하게 되었다.

| **그림12** | 케이스 스터디 : 콜라전쟁 2

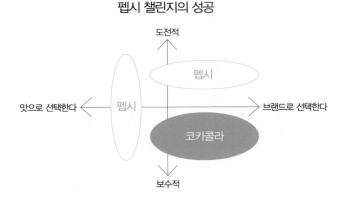

펩시 챌린지의 성공

다이어트 코크의 반격

콜라전쟁은 계속 이어진다. 이번에는 코카콜라의 반격이 시작된다. 먼저 다이어트 코크의 발매가 그 제1탄이다. 이 다이어트 음료는 당초 예상을 초월한 히트상품이 되어 다이어트 음료 중 최고의 자리를 차지하고, 음료 전체에서도 3위에 오른다. 여기서 다시 연습문제에 도전해보자.

연습문제 5-3

다이어트 코크가 나오면서 일어난 일을 펩시 제너레이션과 펩시 챌린지의 그림을 참고하여 표현해보자.

| 힌트
다시 말하지만, 고객을 분류하는 것이 세그먼테이션의 본질이다.

이번에는 코카콜라가 고객을 분류하는 제3의 축을 도입했다. 그것은 '당신은 건강을 지향하는 사람입니까, 아니면 그런 건 신경 쓰지 않는 사람입니까?'라는 것이다. 여기서는 3차원으로 표현하기 어려우니 2차원 그림으로 표현하면 다음과 같을 것이다(**그림 13**). 결국 '나는 건강을 지향한다'는 사람이 다이어트 코크로 달려갔다. 이것으로 오른쪽 위 영역을 펩시로부터 다시 빼앗는 데 성공했다.

| **그림13** | 케이스 스터디 : 콜라전쟁 3

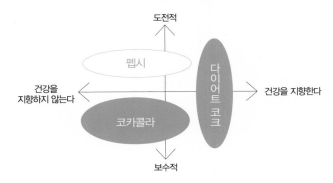

다이어트 콜라의 반격

뉴코크는 왜 실패했는가

이어서 코카콜라의 반격 제2탄으로 '뉴코크'라는 새로운 브랜드를 도입한다. 펩시 챌린지 때 눈을 가리면 과반수의 소비자가 펩시를 선택한다는 사실에 주목한 코카콜라의 경영자는 큰 위협을 느꼈다. 그리고 '펩시를 이길 맛'의 조합에 엄청난 에너지를 쏟았다. 그 결과 탄생한 것이 뉴코크다.

눈을 가리고 블라인드 테스트를 하면 과반수의 사람이 뉴코크를 선택했던 것이다. 1985년 코카콜라는 이 새로운 상품을

들고 펩시 챌린지로 빼앗긴 시장점유율을 단숨에 되찾으려고
했다. 그런데 이것이 큰 실패로 이어진다. 두 개의 브랜드가
병존하면 소비자를 혼란스럽게 만들 뿐이라는 생각에서 뉴코
크를 발매하는 동시에 종래의 콜라를 폐지해버렸기 때문이
다. 이에 대하여 코카콜라를 지지해온 보수적인 고객이 맹렬
히 반대한다.

'자신들이 사랑하는 브랜드가 돌연 없어지고 뉴코크라는 이
질적인 것을 강요받았다'고 느낀 미국 전역의 팬들로부터 빗
발치는 항의가 매일같이 코카콜라에 쏟아져 들어왔다.

눈을 가리고 실시했던 블라인드 테스트에서는 뉴코크가 펩시
를 이겼다. 그럼에도 불구하고 브랜드를 밝힌 테스트에서는 펩
시가 압승하는 이상한 현상이 벌어졌다. 뉴코크라는 브랜드 자
체가 시장에서 거부당했다. 여기서 다시 연습문제를 풀어보자.

연습문제 5-4

**뉴코크의 발매로 일어난 일을 그림으로 표현해보자. 왜 뉴코크가 실패로 끝났
는지를 설명할 수 있을까?**

| **그림14** | 케이스 스터디 : 콜라전쟁 4

뉴코크의 의도와 실패

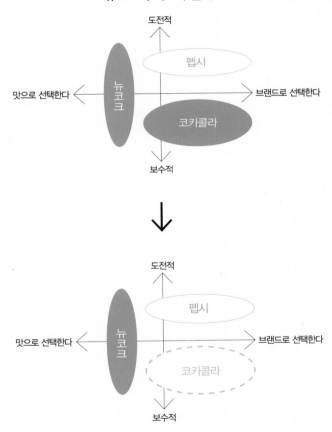

뉴코크는 펩시 챌린지에서 펩시가 도입한 구도를 이용하여 '맛으로 선택한 소비자'를 펩시에서 뉴코크로 바꾸려고 의도했다(**그림 14의 위**). 그런데 여기서 브랜드를 일체화하고 종래의 콜라를 뉴코크로 대체함으로써 코카콜라를 지지하는 대다수 보수층의 이탈을 초래했다(**그림 14의 아래**). 이 소동으로 브랜드는 소비자의 것이고 그들의 라이프스타일 일부가 된다는 것을 알았다. 제조는 기업이 하지만 그것을 멋대로 바꾸는 것은 용납되지 않는다.

펩시 단독패배의 진상

자, 여기까지가 마케팅 이론의 고전이라 말하는 콜라전쟁이다. 다양한 축을 도입하여 소비자를 분류하고 타깃으로 정한 층의 내면을 이해함으로써 보다 효과적인 메시지를 보내게 된다. 그리고 그로 인해 소비자의 행동을 바꿀 수 있다는 이야기를 했다. 이 접근방식을 완전히 이해했는지 확인하기 위해서 여기서 다른 연습문제를 생각해보자. 이것은 얼마 전의 이야기다.

2010년은 펩시사의 음료 부문에 혹독한 한 해가 되었다. 주력 브랜드인 펩시콜라와 다이어트 펩시의 미국 내 매출수량이 각각 4.8퍼센트와 5.2퍼센트 감소했던 것이다. 탄산음료 전체로는 0.5퍼센트의 감소였기 때문에 그 영향의 크기를 알 수 있다. 특히 펩시콜라는 다이어트 코크에 순위를 역전당하여 제3위로 밀려났다. 한편 코카콜라와 다이어트 코크에는 전년 대비 큰 변동이 보이지 않는다. 눈을 가리면 거의 구별되지 않는 상품임에도 불구하고 펩시만이 홀로 뒤처졌다.

미국의 무알코올 음료(탄산음료, 물, 차 등) 전체 매출은 2010년에 1.2퍼센트 증가했다. 주로 홍차·커피 계통의 음료, 스포츠 드링크, 에너지 보충 음료 등이 성장에 기여했다. 자, 여기서 일어난 일을 앞에서처럼 그림으로 표현해보면 어떨까? 다시 연습문제를 풀어보자.

연습문제 5-5

2010년에 펩시만이 혼자 패배한 상황을 지금까지와 마찬가지로 그림으로 표현해보자. 왜 펩시만이 크게 시장점유율이 낮아졌는지를 설명할 수 있을까?

| 그림15 | 케이스 스터디 : 콜라전쟁 5

펩시 제너레이션의 성공

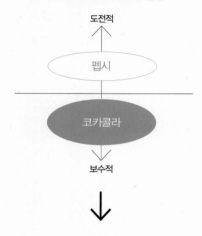

최근 시장구조

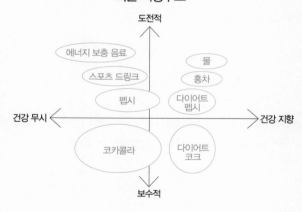

옆쪽에 있는 **그림 15**를 보자. 위쪽의 그림은 펩시 제너레이션 때의 구도다. 여기서는 펩시가 도전적인 젊은 사람을 나누고 사로잡는 데 성공했다. 그런데 이 젊고 도전적인 층을 타깃으로 했던 것이 펩시 제너레이션의 성공요인이 되기도 했지만 2010년에는 고전하는 원인이 되기도 한다.

도전적인 젊은이란 뭐든 새로운 것을 시도해보려는 사람들이다. 그것이 펩시 제너레이션 때에 선뜻 펩시로 달려온 이유다. 그런데 이 소비층은 '변하기 쉬운' 것이기도 하다. 최근 새롭게 등장한 에너지 보충 음료나 스포츠 드링크에 가장 먼저 반응한 것도 이 소비층이다.

한편 펩시 제너레이션 때에 결과적으로 보수적인 소비층이 코카콜라의 고객으로 남았다. 이 소비층은 소위 '철판'이라 불리며 에너지 보충 음료가 나오든, 스포츠 드링크가 나오든 쉽사리 흔들리지 않는다. 이렇듯 기반이 되는 고객층의 차이가 같은 음료임에도 불구하고 펩시만 혼자 패배하는 현상을 낳았다.

제품을 보고 있어도 답은 나오지 않는다

여기서 주의해야 할 것은 제품을 봐서는 안 된다는 점이다. 제품을 보면 고객의 움직임이 잘 보이지 않게 된다. 고객을 보아야 제품의 매출 변동 이면에서 작용하는 힘이 부각된다. 따라서 세그먼테이션이라는 고객 분류가 아니면 안 된다. 앞의 연습문제에서 '탄산음료인가 비탄산음료인가'라는 축을 도입하는 사람들이 많은데, 그것은 제품 분류로 고객 분류가 아니다. 그런 시점을 가지면 왜 펩시만 매상이 떨어졌는지 잘 보이지 않는다.

현상의 배경에 있는 고객의 움직임을 파악하지 않은 채로 답을 찾으려고 하면 본질에서 벗어난 시책을 내놓게 된다. 예컨대 이 같은 국면과 맞닥뜨렸을 때, 코카콜라에 맞서는 캠페인을 벌이는 행동을 취하기 쉽다. 그러나 이 같은 상황에서 캠페인을 펼쳐도 효과는 적을 게 분명하다. 왜냐하면, 펩시의 진짜 적은 코카콜라가 아니라 에너지 보충 음료나 스포츠 드링크로의 변화이기 때문이다.

지금까지 고객에게 시선을 향하는 것, 고객을 분류하는 것이 얼마나 중요한지에 대하여 설명했다. 코틀러의 말을 인용

하면, "시장의 변화란 본질적으로 고객의 행동 변화다. 새로운 가치를 어디에서 발견할 것인가, 무엇을 중요하다고 생각하게 되었는가 등 고객의 움직임을 알아차리고 가치의 재정의를 서두르지 않으면 안 되는" 것이다.

강한 브랜드의 본질은 무엇인가

여기까지 고객을 분석의 중심에 놓고, 결국 관점을 제품에서 고객으로 옮김으로써 고객의 행동이나 의사결정 방식을 바꿀 수 있다는 것에 대하여 말했다. '가치를 어떻게 인식하는가'에 집착한 코틀러 나름의 코페르니쿠스적인 전환이라고 말할 수 있다.

그렇다면 다음에 문제가 되는 것은, '타깃이 되는 고객에게 자사의 제품을 어떻게 인지시키는가'다. 거기서 부각되는 새로운 개념이 '브랜드'다. 브랜드란 어느 제품군이나 기업을 다른 것과 차별화하기 위한 '기호', '상징'이다. 기호나 상징은 상대에게 지각되기 위한 '형태'를 가지는 동시에 상대에게 중요한 '의미'나 '가치'를 가진다. 이 의미나 가치를 브랜드 자산(brand equity)이라고 말한다. 코틀러는 이 브랜드 자산이라는 눈에 보이지 않는 실체를 발견했다.

그렇다면 이 브랜드에 대하여 생각해보자. 여기서는 산토리 캔 커피 'BOSS'를 소재로 이야기를 전개해보자. BOSS의 개발에 직접 참여한 다카하시 겐조(高橋賢藏)가 쓴《캔 커피 장인》에는 강한 브랜드를 만들어내기 위하여 그들이 취한 행동이 자세히 그려져 있다.

BOSS라는 제품 이전에 산토리에는 WEST라는 브랜드가 있었다. 그런데 소비자 조사를 통해 이 브랜드가 조금도 기억되지 못하고 있음을 알게 되었다. 소비자는 자동판매기에 때마침 있는 캔 커피를 살 따름이지 WEST를 사지는 않았던 것이다.

여기서 산토리의 개발팀은 '강한 브랜드란 무엇인가'라는 의문에 직면한다. 여기서 당신도 이 의문에 대하여 생각해보자.

연습문제 5-6

강한 브랜드를 구체적으로 몇 가지 머릿속에 그려보자. 가능하다면 음료나 식품 중에서 꼽아보자. 우리는 왜 그 음료나 식품을 질리지 않고 반복하여 소비하는 것일까?

강한 브랜드란 많은 사람이 반복하여 소비하는 제품을 말한다. 앞서 코카콜라를 비롯하여 포카리스웨트, 쿨피스, 아사히 슈퍼드라이, 스타벅스 커피 등을 떠올린 사람이 많지 않을까. 이들 상품을 우리는 빈번히 소비한다. 매일 마시는 사람도 있을 것이다. 그러나 결코 질리지 않는다. 그것은 왜일까?

그 이유는 몸이 원하기 때문이다. 인간의 체내에서는 무수한 화학반응이 일어나고 그것이 사람의 기분 좋음(快)과 나쁨(不快)을 만들어낸다. 병이 생기는 것은 체내 화학반응의 균형이 무너지기 때문이다. 또한 약을 먹으면 병이 낫는 것은 약 성분이 화학반응을 조율하여 무너진 균형을 원래대로 회복시키기 때문이다. 이 같은 체내의 메커니즘을 약학 세계에서 '작용기서(作用機序)'라고 말한다.

약처럼 강력한 작용을 초래하지는 않아도 식품이나 음료 중에는 우리 체내에 작용하여 상쾌함이나 위안을 안겨주는 것이 있다. 코카콜라나 포카리스웨트가 바로 그런 상품이다. 몸이 무의식중에 그것을 원한다. 따라서 매일 마셔도 질리지 않는다. 이것은 강한 브랜드의 본질이다.

오감에 호소하는 상품을 만든다

강한 브랜드를 만들기 위해서는 이처럼 소비자의 내면에 들어가 그들의 감정 변화가 일어나는 메커니즘을 이해할 필요가 있다. 캔 커피에는 헤비유저가 있다. 그것은 택시나 택배 운전사, 건설업의 육체노동자 등 몸을 사용하는 사람들이다. 그들은 하루 중 두세 캔의 커피를 마신다. BOSS 개발팀은 여기에 착안하여 그들이 캔 커피를 마시는 이유를 파악했다.

흔히 새로운 상품을 개발하는 과정에서 소비자 인터뷰가 사용된다. 소비자를 회의실에 모아놓고 어떤 캔 커피를 마시고 싶은지 묻는 것이다. 여기서 '단맛을 줄인 캔 커피가 좋다'는 이야기가 나오고 상품 콘셉트에 반영한다. 그런데 이 방법으로 만든 상품은 팔리지 않는 경우가 많다.

왜냐하면 회의실에서 인터뷰를 하는 상황과 실제로 캔 커피를 마시는 상황은 다르기 때문이다. 그 결과 자신의 감정에 근거하여 답하기보다 '단맛을 줄인 커피'라는 어디서 누군가 만들어낸 말을 머릿속에서 끄집어내어 답하게 된다.

BOSS 개발팀은 소비자 인터뷰 방법이 아닌 육체노동자가 캔 커피를 마시는 실제 상황 속에서 소비자의 요구를 파악했다. 그들에게 감정 이입을 하고, 왜 그들이 캔 커피를 마실 마음이 되었는지를 이해하고자 했다. 그 결과 그들은 '단맛을 줄인 캔 커피'를 원하지 않는다는 사실을 알아차렸다. 그들의 몸은 육체노동으로 지쳐 있다. 따라서 오히려 당분이나 우유를 보충하였다. 거기서 착안한 산토리의 개발팀은 사내의 반대를 무릅쓰고 단맛이 강한 커피를 상품화했다.

캔에는 육체노동자가 공감할 수 있는 파이프 담배를 입에 문 듬직한 남성 일러스트를 넣었다. BOSS라는 이름도 이런 감정 이입을 통해 선정되었다. 발매 초기 야자와 에이키치(矢澤永吉, 일본의 유명 록 가수)를 CF에 기용한 것도 당시 많은 육체노동자에게 그는 젊은 시절 동경의 대상이었기 때문이다. '나도 왕년에는 빛났다'고 생각하게끔 만드는 인물이다.

이처럼 미각뿐 아니라 시각이나 청각을 포함한 오감에 호소하는 요소(기호나 상징)를 충분히 담았다. 그것이 무의식중의 검색에 걸리고 타깃 소비자가 무심코 손을 뻗어 집어 드는 상품으로 이어졌던 것이다.

고객의 내면에 맞춘다

고객이 가치를 인식하는 과정을 고객의 내면에 들어가 이해하고, 고객의 마음이 어떻게 움직이길 바라는지를 생각한다. 상쾌함이나 활력, 휴식과 위안, 기쁨이나 두근거림, 깜찍함이나 사랑스러움, 호기심이나 자극, 우월감이나 전능감 등 고객이 원하는 감정에 자기 자신의 내면을 동조시키는 것이다. 그것을 계속하는 동안에 무엇이 고객의 마음을 울리는지 차츰 아이디어가 의식 세계로 떠오른다. 그리고 고객의 오감에 어떻게 호소하면 고객의 마음을 공명시킬 수 있는지를 자신의 일처럼 알게 된다.

이런 과정에서 발견된 지식이 정보혁명의 시대에는 가치를 가진다. 정보혁명으로 정보나 사물의 가치가 낮아진 한편, 동일한 가치관이나 시점을 가진 친구가 발신하는 메시지는 대개의 사람들을 사로잡는다. 소비자는 기업이 만드는 상품보다 친구의 목소리를 원하는 것이다. 지금은 돈이나 물건이 없어도 유튜브나 페이스북, 라인을 사용하여 얼마든지 즐길 수 있다. 이런 시대에 비즈니스 퍼슨으로 살아남기 위해서는 상대의 내면을 느끼는 힘이 한층 중요해진다.

사람을 공명시킨다는 것은 단지 상대에 영합하는 것이 아니다. 그렇다면 회의실에서 이뤄지는 소비자 인터뷰와 같아진다. "당신이 '단맛을 줄인 커피를 원한다'고 말해 만들었다"는 식이 되어버린다. 그것이 소비자에게 놀라움을 가져다주지는 않는다. "아, 그랬던가요"라는 반응이나마 돌아오면 감지덕지다.

상대의 공감을 이끌어내기 위해서는 상대가 무엇에 마음을 움직였는지 파악하는 자기 나름의 시점, 결국 보는 능력이 필요하다. 스티브 잡스나 제프 베조스 등 B to C의 세계에서 승리를 거둔 천재들은 모두 그 점에 능했다.

필립 코틀러의 부모는 우크라이나에서 온 이민자였다. 스텝 1에서 소개한 구글의 창업자 중 세르게이 브린도 양친이 러시아에서 온 이민자다. 이 책에 등장하는 천재들 중에는 스티브 잡스나 제프 베조스를 비롯하여 이민자의 자녀나 양자라는 처지에 있는 인물이 많다. 적어도 안이하게 타인에게 영합하는 것을 좋아할 수 없는 심경 속에서 살아온 사람들이다. 그런 환경이 주위에 영합하지 않고 사람들이 원하는 것을 다른 각도에서 보는 힘을 갖게 만든 것은 아닐까.

사람의 내면을 볼 수 있도록
다음 트레이닝에 힘써보자.

◎ 고객을 여러 측면에서 분류해본다.

◎ 그중에서 매력적인 타깃을 선택한다.

◎ 그들의 내면에 감정 이입하고 그들의 마음을 어떻게 움직이고
   싶은지 상상한다.

◎ 나아가 그들의 내면에서 하나의 세계를 보고, 무엇이 그들의
   마음을 움직이는지에 대하여 상상의 나래를 펼쳐본다.

◎ 상상한 것들을 떠올리며 어떻게 고객의 오감에 자극을 주고 마음을
   움직일 수 있는지에 대하여 생각한다.

"가설을 세우고 검증한다"

세븐일레븐― 스즈키 도시후미의 시점

Larry Page & Sergey Brin
Son Masayoshi
Steve Jobs
Jeffrey Bezos
Philip Kotler
Suzuki Toshifumi
Andrew Grove
Louis Gerstner
Lee Kuan Yew
Matsushita Konosuke

스즈키 도시후미(鈴木敏文, 1932~)

"정보혁명의 시대에는 지금 눈앞에서 팔리는 것을 자신의 점포 진열장에 놓아도 고객은 이미 질린 후다. 확실한 것에 거는 것이 아니라 용기를 내어 고객의 선수를 치기에 비로소 상대방의 심금을 울릴 수 있다."

그 가설은 검증할 수 있는가?

스텝 1에서 5까지는 '보이지 않는 것을 본다', '자신의 기량을 초월한 문제에 도전한다', '미래를 스스로 만든다', '상식에서 자유로워진다', '사람의 내면을 본다'는 일련의 트레이닝에 힘썼다. 지금까지 경험하지 못한 새로운 환경 속에서 살아남기 위해서는 지금 자신에게 보이지 않는 것, 본디 눈으로 볼 수 없는 것에 대하여 가설을 세우는 능력이 필요하기 때문이다.

단, 가설이란 어디까지나 가정으로, 그것이 효과를 발휘할지 말지는 검증해보지 않는 한 알 수 없다. 가설을 검증하고 그것을 뒷받침할 증거를 얻으면 그를 실행에 옮김으로써 큰 성과를 기대할 수 있다. 그러나 가설을 검증하려면 가설 자체가 구체적이지 않으면 안 된다. 그 점을 이해하기 위해서 먼저 연습문제를 생각해보자.

다음 두 가지 가설에 대하여 각각 검증이 가능한지, 불가능한지에 대하여 생각해보자. 또 그 이유를 설명해보자.

① 육체노동자는 피로하기에 단맛이 강한 커피를 원할 것이다.
② 단맛을 억제한 커피가 팔릴 것이다.

여기서 가설의 검증이 가능한지 아닌지는 그것을 뒷받침하기 위한 조사나 실험의 디자인을 구체화할 수 있는지에 달렸다. '육체노동자는 피로하기에 단맛이 강한 커피를 원할 것이다'라는 가설에 대해서는 검증이 가능하다. 실제로 늦은 오후 현장에 나가 육체노동자 100명에게 단맛이 강한 커피와 보통 커피를 마시게 하고 비교하는 실험을 하면 된다. 그러나 '단맛을 억제한 커피가 팔릴 것이다'라는 가설은 근본적으로 검증이 불가능하다. 대체 얼마를 팔아야 '팔렸다'고 말할 수 있는지 정의되어 있지 않기 때문이다. 가설이 검증 가능하기 위해서는 5W1H가 구체화될 필요가 있는 것이다.

스텝 6에서는 가설을 세우고 검증하는 능력을 키우기 위한 트레이닝에 힘써보자. 여기서 등장하는 인물은 입만 열면 '가설'과 '검증'이라는 말이 나온 것으로 유명한, 세븐앤아이홀딩스를 일본에서 크게 성공시킨 스즈키 도시후미 회장이다. 그

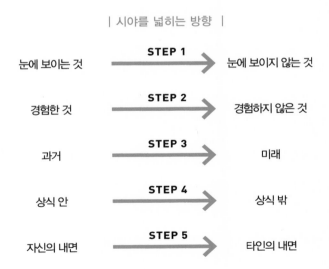

| 시야를 넓히는 방향 |

눈에 보이는 것   **STEP 1**→   눈에 보이지 않는 것

경험한 것   **STEP 2**→   경험하지 않은 것

과거   **STEP 3**→   미래

상식 안   **STEP 4**→   상식 밖

자신의 내면   **STEP 5**→   타인의 내면

는 가설의 설정과 검증을 통해서 세븐일레븐을 일본에서 크게 성공시킨 주역이다. 아마존닷컴이 세븐일레븐의 점포에 배송용 로커를 설치하고 싶다고 제의할 만큼 정보혁명 이후의 세계에서도 그 존재감을 발휘하고 있다.

여기서는 세븐일레븐을 대상으로 다음 연습문제를 풀어보자.

세븐일레븐의 점포 1개당 1일 판매액은 67만 엔으로 다른 편의점의 50만 엔대를 훌쩍 뛰어넘고 있다. 이 차이는 어디서 오는 것인지 생각해보자.

| 힌트
눈에 보이는 것만 봐서는 좀처럼 그 차이를 알아차리기 어렵다.

왜 세븐일레븐만 팔리는가?

편의점에 들어서면 어디나 비슷비슷하다. 똑같은 넓이에 비슷한 집기, 똑같은 상품이 진열되어 있는 곳이 많다. 그 때문에 자신이 들어선 곳이 세븐일레븐인지, 로손인지, 패밀리마트인지, 마지막까지 모르는 경우도 숱하다. 소매업이나 외식업에는

'포맷'이라 불리는 매장 꾸미기의 성공 패턴이 있어 편의점, 슈퍼마켓, 패밀리레스토랑, 소고기덮밥 체인점 등 업체는 달라도 업종마다 비슷한 매장으로 꾸며지는 경향이 있다.

그런데 한 점포당 1일 판매액을 보면 세븐일레븐은 67만 엔으로 로손의 55만 엔, 패밀리마트의 53만 엔을 훨씬 웃돈다. 그 원인은 점포 꾸미기 외에 있다는 것을 알 수 있다. 여기서는 그것을 묻고 있다.

경영을 심리학으로 파악하는 이유

결론부터 말하면, 상품이 팔리는 속도가 다르다. 이것은 꽤 유명한 이야기인데, 해변 마을의 낚싯배가 출발하는 곳으로 이어지는 길가에 세븐일레븐이 있었다. 여기서 늘 동일한 삼각김밥을 갖추고 팔면 그 팔리는 속도는 타사와 다를 바가 없다.

그런데 '이번 주말은 더울 것 같다. 그렇다면 이른 아침에 사러 온 손님이 뙤약볕에서 잘 상하지 않는 매실 삼각김밥을 사지 않을까?' 하는 가설을 세우는 것이 세븐일레븐이다. 그리고 매실 삼각김밥을 평소보다 많이 갖춰놓으면 그것이 순식간에 팔린다.

오랜 겨울이 끝나갈 무렵, 다소 따뜻한 날이 있다. 그러한 때 '겨울 동안 먹지 못한 차가운 면이나 아이스크림을 일찌감치 맛보고 싶은 사람이 있지 않을까?' 하는 가설을 세운다. 그에 맞춰 충실하게 상품을 갖추면 그것이 또 팔린다. 이처럼 가설을 세우고 상품이 팔려 나가는 속도를 최대한으로 끌어올린 결과가 압도적인 매상액으로 나타나는 것이다.

스즈키 회장이 늘 '우리의 경쟁 상대는 동업 타사가 아니라 어지럽게 변화하는 고객 요구'라고 말한 것은 여기에 이유가 있다. 동업 타사의 점포 꾸미기를 아무리 봐도 결국 포맷에 수렴되어갈 뿐으로 차별화는 되지 않는다. 근본적인 차별화를 추구한다면 스텝 5에서 했듯이 고객의 내면을 살펴볼 필요가 있다. 스즈키 도시후미가 자주 '경영을 심리학으로 파악한다'고 말하는 근거가 거기에 있다.

문외한이기에 가능한 비상식적 발상

스즈키 도시후미는 출판유통업체인 토한 출신이라는 이색적인 경력을 가지고 있다. 대형마트인 이토요카도 점포 앞에서 옷을 판매한 적도 있는데 '당신이 서 있으면 왠지 시비를 거는 것 같다'는 말을 들었을 정도다. 제프 베조스가 소매업의 문외한이면서도 아마존을 일으켜 소매업을 근간부터 뒤흔들어놓는 존재가 되었던 것과 비슷하다.

문외한인 만큼 제프 베조스처럼 업계의 상식에 구속받지 않는다. 예컨대 '현장에 가라', '다른 점포를 견학하라'는 업계의 상식을 그는 경계했다. 정보가 순식간에 전해지는 시대에 점포 꾸미기나 상품 갖추기처럼 눈에 보이는 것만 봐서는 본질이 보이지 않기 때문이다. 오히려 기존의 시점에 오염된 정보를 잡아낼 뿐이라고 생각했다.

예컨대 대다수 사람이 '다양화의 시대'를 살고 있다고 주장하는 가운데 일본인의 모습은 '획일화'되어 가고 있다는 시점을 제시한 것은 널리 알려진 사실이다. 사람들이 원하는 물건이 어지럽게 변화하고 있기에 '다양화'하고 있는 듯이 보이지만, 그 실태는 모두가 같은 브랜드로 달려가는 '획일화'이다. 이런 '진짜 같은 거짓'을 냉정히 파헤쳐본다.

한때 열렬히 제기된 '편의점 5만 점 포화설'도 마찬가지다. 제프 베조스가 세상의 시점을 바꾼 것과 마찬가지로 스즈키 도시후미도 오로지 '마켓은 지금 크게 변화하고 있다. 변화에 대응하는 한 시장의 포화는 없다'고 주장해왔다. 과거의 상식에서 자유로워짐으로써 세계를 신선한 눈으로 볼 수 있는 것이다.

또 한 가지 제프 베조스와의 공통점으로, 철저한 고객 지향을 꼽을 수 있다. 진실로 고객의 심리를 우선하면 파는 사람으로서는 불리한 상황이 많다. '신선도'에 집착하면 배송횟수가 증가한다. 팔리지 않는 상품을 버리면 처분한 만큼 손실이 발생한다. 주위에 다른 세븐일레븐 가게가 문을 열면 자기 점포의 매상이 줄어든다. 스즈키는 이런 판매자 논리를 일절 개입시키지 않았다. 제조자에 대해서도 타협하지 않았다. 다양한 상품을 갖추고 상품끼리 경쟁시켰다. 먼 거리의 대규모 공장이 아닌 소비자 주변의 소규모 전용 공장을 만들었다.

가설 설정력을 조직 전체로 끌어올리기 위하여

이런 업계 상식에 얽매이지 않은 자유로운 시점이 소비자의 내면에 관한 참신한 가설 설정을 가능케 하고 상품의 판매 속도를 높인다. 그와 동시에, 가설을 검증하는 힘이 '진짜 같은 거짓'을 간파하고 상식에 얽매이지 않는 시점을 가능하게 한다.

그러나 스즈키 도시후미가 진정 훌륭한 것은 그것을 자신의 개인적인 능력에 그치지 않고 조직 능력으로 끌어올렸다는 데 있다. 참신한 가설 설정을 조직적으로 추진하는 데 중요한 역할을 맡았던 것이 일본 전역에 흩어진 2000명이 넘는 OFC(Operation Field Counselor)다. OFC는 각 지역에서 점포를 방문하여 점장이나 점원이 가설을 세울 수 있도록 지원하고 POS 데이터를 사용하여 가설의 검증을 행하고 그들에게 피드백한다.

또한 매주 한 번 도쿄 본부에 모여서 전국에서 열린 검증 활동으로 얻은 통찰을 흡수한다. 그러는 가운데 자신의 담당 지역에 두루 전개할 수 있는 아이디어가 있다면 즉시 점장들과 공유한다. 주 1회 2000명이 넘는 OFC를 도쿄에 집결시키는 데는 상당한 비용이 든다. 보통은 비용 삭감이라는 관점에서 성공사례집을 만들어 메일로 발송하거나 비디오 회의로 대체하자는 아이디어가 나온다.

그러나 스즈키 도시후미는 성공 사례를 매뉴얼화 하는 것을 경계했다. 그렇게 한다고 해도 타사가 쉽게 흉내 내기 때문에 그 효과는 오래 지속되지 않으리라는 것을 알고 있었기 때문이다. 그가 중시한 것은 그처럼 쉽게 눈에 보이는 부분이 아니라 끊임없이 새로운 가설을 세우는 조직 능력을 높이는 것이었다. 그러기 위해서는 주 1회 직접 만나서 이뤄지는 커뮤니케이션이 중요한 역할을 맡는다. 그렇다면 여기서 다시 연습문제를 풀어보자.

연습문제 6-3

세븐일레븐의 OFC가 주 1회 본부에 모이는 것이 왜 최신 가설을 세우는 조직 능력을 향상시키는 것으로 이어질까?

| 힌트
스텝 1에서 했던 방법을 생각해보자.

끊임없이 변화해가는 고객의 내면에 관해 최신 가설을 세우려면 '보는' 능력이 필요하다. 스텝 1에서 카오나 리츠칼튼이 관찰을 통해 보는 능력을 육성한다는 것을 배웠다.

그래서 관찰 → 가설 → 검증이라는 세 과정을 반복하는 것이 중요했다. 그를 통해 무의식 세계의 검색 패턴이 고객에게 맞춰지는 튜닝이 이뤄진다. 이것이 보는 능력을 획득하는 메커니즘이었다. 그리고 일단 보는 능력을 획득할 수 있으면 나중에는 고객의 내면에 관한 가설이 저절로 떠오른다. 스즈키 도시후미는 다음과 같은 말로 그 중요성을 전한다.

"직관과 고객 연구로 가설을 세우고 실행한 결과를 검증하고 발상력을 더욱 강화해간다."
"POS 데이터는 가설을 검증하기 위한 것이다. 문제의식을 가지고 어떻게 움직이는지를 보면 의미나 문맥이 부각되고 거기서 가설이 나온다."

결국 가설의 검증을 반복함으로써 참신한 가설을 설정하는 능력을 높일 수 있다. 세븐일레븐은 먼저 OFC에게 관찰 → 가설 → 검증을 반복시킴으로써 그 지역을 보는 능력을 키운다. 그때 매주 미팅을 통해서 OFC의 무의식 세계를 계속 자극하는 것이 중요하다. 그를 통해 새로운 가설이 부각될 때까지의 기간을 단축시킬 수 있다.
그리고 그 과정을 반복함으로써 보는 능력을 획득한 OFC가

이번에는 지역의 점장이나 점원에게 같은 자극을 주고 관찰 → 가설 → 검증을 반복시킨다. 매일 1000만 명 고객의 행동과 심리를 읽는 것이다. 그렇게 단련된 힘이 조직의 성공요인이 되지 않을 리 없다.

세븐일레븐에게 주 1회 OFC를 집결시키는 일은 가설의 검증을 후원하기 위해 없어서는 안 되는 일로 성공사례집으로 대체할 수 없는 것이다. 세븐일레븐의 점포를 봐도 다른 편의점과의 차이를 알아차리기 어렵다. 그럼에도 불구하고 점포당 매상액에 큰 차이가 생기는 것은 이런 눈에 보이지 않는 성공요인이 있기 때문이다.

직관을 중시하는 데이터주의

스즈키 도시후미는 대부분의 경영자와 달리 '현장주의'를 중시하지 않는다. 눈앞의 현상에 춤추는 것을 우려했기 때문이다. 정보혁명의 시대에는 지금 눈앞에서 팔리는 것을 자신의 점포 진열장에 놓아도 고객은 이미 질린 후다. 확실한 것에 거는 것이 아니라 용기를 내어 고객의 선수를 치기에 비로소 상대방의 심금을 울릴 수 있다.

'나는 이것을 원했다!'는 놀라움, 그런 상품과 만난 기쁨이 고객의 지갑을 열게 한다. 이 때문에 그는 '내일의 고객'이 무엇을 원하는지에 대하여 가설을 세우고 철저히 검증할 것을 요구한다. 이 점은 '고객이 무엇을 원하는지가 아니라 무엇을 원하게 될지를 생각하는' 스티브 잡스와 통한다.

그가 객관적인 '데이터주의'를 표방하는 한편으로 직관을 중시하는 것은 데이터에 의한 검증의 반복이 새로운 가설을 낳는 힘으로 이어진다는 것을 알기 때문이다. 스티브 잡스가 자연과학과 인문과학, 기술과 디자인의 양면성을 추구한 것처럼 스즈키 도시후미도 어떤 시점에선 객관적으로, 다른 시점에선 직관적으로 보인다.

명암이 갈린 두 CEO

여기서 가설의 설정과 검증 능력이 두 CEO의 명암을 가른 사례를 소개하려고 한다. 최근 카셰어링이 한국에도 보급되었는데, 카셰어링이라는 비즈니스가 미국에서 가능할지의 여부를 두고 대대적인 실험을 실시한 사람이 있다. 집카(Zipcar)라는 회사의 이야기다.

환경문제에 높은 관심을 가지고 미국 사회를 바꾸고자 한 로빈 체이스는 카셰어링에 착안하여 2000년에 집카를 창립한다. 도심부에서는 1인 1대씩 차를 보유할 필요가 없다. 여러 사람이 차를 공유함으로써 친환경적인 사회를 실현할 수 있다고 생각했던 것이다.

그녀는 남편 로이 러셀을 CTO(최고 기술 책임자)로 끌어들여 인터넷을 이용한 차의 예약이나 정산을 간단하게 했고, 편리성이 높은 서비스를 완성시켰다. 얼리어답터에게 높은 평가를 얻고 사업의 장래성에 관한 희망에 부풀었다.

또 환경문제에 관심이 높은 도시의 젊은이들 사이에서 화제성을 높이기 위해 뉴스레터를 발행하여 집카의 사회적 역할을 강조하거나 동료의식을 높이기 위한 저녁식사회를 개최하기도 했다. 체이스는 자신의 사명에 공감해주는 사람들을 모으면 그들이 자신들의 스토리에 참가할 것이라고 생각했다. 그 때문에 차종으로는 친환경의 상징인 라임그린의 폭스바겐 비틀이 선정되었다.

집카가 막다른 곳에 몰린 이유는?

집카는 보스턴, 워싱턴 DC, 뉴욕의 세 곳에서 사업을 전개했다. 그런데 사업은 당초 예상했던 만큼 번성하지 않아 3년 뒤에는 회원 수 6000명, 차 보유 대수 130대로 머무르게 되었다. 그리고 사업을 흑자로 돌이킬 전망이 서지 않은 채 마침내 자금이 바닥을 드러냈다.

그래도 체이스는 희망을 버리지 않고 동료 만들기 활동을 이어간다면 반드시 채산이 맞을 것이라고 주장했다. 그러나 대표이사회는 그녀를 해임하기로 결정했고 그 이후 스콧 그리피스가 새로운 CEO로 임명되었다.

자, 여기서 연습문제를 생각해보자.

연습문제 6-4

당신이 새로운 CEO에 임명된 스콧 그리피스라면 어떤 일을 하여 집카를 성장시킬 생각인가? 또한 대표이사회가 로빈 체이스를 연임시키지 않은 이유에 대해서도 생각해보자.

그리피스가 새로운 CEO로 부임했을 당시 사내에는 회원을 늘리기 위한 다양한 아이디어가 있었다. 광고를 내보내고 할인 캠페인을 실시한다, 환경문제를 어필하기 위한 이벤트를 연다, 무료 신문에 특집을 싣고 쇼핑센터에 가입 부스를 설치한다 등 아이디어는 수없이 많았다. 그러나 그리피스는 그 아이디어들을 일단 전면 중지시켰다.

대신에 그는 어떤 조사를 벌였다. 그것은 집카는 알고 있지만 회원이 되지 않겠다고 결심한 사람들을 모아 그 이유를 묻는 것이었다. 그것으로 알게 된 것은 '차까지의 거리가 먼 것'이 회원 가입을 저해한다는 사실이었다. 아무리 환경에 좋아도 집에서 가장 가까이 있는 차가 10블록 이상이나 떨어져 있어 차를 빌리는 데 30분이나 걸린다면 분명 회원을 늘릴 수 없다.

회원이 되지 않았던 사람들을 살핀다

여기서 스콧 그리피스는 체이스가 했던 것을 하나의 '실험'으로 간주했다는 것을 알 수 있다. 실험이기에 그 전제로서 검증해야 할 가설이 있었을 것이다. 그것은 '인터넷을 사용하여 편리성이 높은 서비스를 제공하면 충분한 수의 회원을 모을 수 있다'는 것이다.

그런데 유감스럽게도 이 가설은 일부 기각되었다. 실험 결과, 분명 서비스 자체의 편리성이 뒷받침되었지만 충분한 회원 수를 모으지는 못했다. 그것은 서비스가 좋아도 회원이 되는 것을 망설이게 하는 어떤 장애 요소가 있다는 말이다.

그는 여기에 착안하여 '집카는 알고 있지만 회원이 되지 않기로 결심한 사람들'을 모아 그 이유를 물으면 이 장애 요소를 효과적으로 파악할 수 있으리라 생각했다. 여기서 주목해야 할 점은 그가 이 사람 저 사람 가리지 않고 마구잡이로 묻지 않았다는 사실이다. 그렇게 해봐야 정보량만 늘어날 뿐, 무엇이 진짜 해결책인지 오히려 알 수 없게 되어버린다. 가설 중에서 무엇이 검증되고 무엇이 검증되지 않는지를 간파함으로써 진짜 원인을 단시간에 파악할 수 있었다.

머릿속에 없던 답을 이끌어낸다

그런데 그리피스는 여기서 딜레마에 직면하게 된다. 원래

채산이 맞지 않아서 차 대수를 늘릴 수 없는데 어떻게 차까지의 거리를 줄일 수 있을까? 이 딜레마를 해결하기 위해 고민하고 있을 때, 돌연 그리피스의 눈앞에 에스키모가 보였다. 문제 해결의 열쇠는 '밀도'에 있다는 것을 깨달은 것이다.

결국 집카가 타깃으로 하는 시장의 스위트 스폿은 환경에 대한 의식이 높고 인터넷을 익숙하게 사용하고 도심부에 살고 있는 젊은 사람들이다. 이런 사람들이 집중하여 살고 있는 지역이 있다. 그곳에 특화하여 차의 밀도를 높이면 회원 수를 늘릴 수 있고 채산을 맞출 수 있다. 그런 가설이 그리피스의 뇌리를 스쳤다.

가설이 구체적이면 그 검증 방법은 저절로 나온다. 그리피스는 환경, 인터넷, 젊은 사람이라는 키워드가 적용되는 도심부 몇 곳을 선택하여 집중적으로 차를 배치하는 실험을 디자인하고 실행했다. 그 결과 집에서 차까지의 평균 시간이 5분으로 단축되자 회원이 급증하는 경향이 있다는 것을 알았다. 결국 그리피스는 이 사업의 성공요인을 발견한 것이다.

이 5분 거리라는 성공요인은 실험하지 않고는 알 수 없다. 왜냐하면 그것은 방정식을 풀면 나오는 것이 아니라 사람 몸의 반응을 직접 보아야 알 수 있는 것이기 때문이다. 반대로 말해 간단히 알 수 없는 것이기에 성공요인인 것이다.

또한 이 실험을 실시한 지역에서 21세 이상 인구의 10~13 퍼센트가 회원이 되었다. 결국 가설을 세우고 실험을 통해 검증함으로써 이 사업이 성공할 근거를 획득한 것이다.

그리피스는 여기서 다른 조사를 하나 더 디자인한다. 환경, 인터넷, 젊은 사람이라는 키워드가 해당하는 지역을 미국 전역에서 골라냈다. 이 조사를 실시한 결과 미국 전역의 15개 도시와 150개 대학이 스위트 스폿이라는 사실을 알게 되었다. 거기서 '15개 대도시에서 인구의 5퍼센트를 회원으로 가입시키면 매출액 약 1조 원의 사업이 된다'는 결론을 이끌어냈다. 이것이 그리피스가 이끌어낸 집카의 잠재적인 사업 규모다.

이 결론은 그리피스의 머릿속에 원래 있던 것을 쏙 뽑아낸 것이 아니다. 집카의 사업적 잠재력을 안다는 것은 그리피스의 기량을 초월한 문제였다. 그러나 가설을 세우고 조사나 실험을 디자인하고 거기서 새로운 것을 발견해냄으로써 성공요인이나 스위트 스폿을 확정하고 머릿속에 없던 결론을 끄집어내는 데 성공했던 것이다.

실리콘 밸리의 투자가는 무엇에 투자하는가

앞 이야기 속에 등장하는 두 CEO의 차이가 가설의 설정과 검증 능력에 있다는 것은 말할 나위도 없다. 로빈 체이스는 자신의 작전이 순조롭지 않을 때, 그 원인이나 해결책에 대하여 가설을 제시할 수 없었다.

대표이사회로서는 이것이 가장 난감했다. 왜냐하면 가설이 없으면 검증할 수도 없어 그 사람이 CEO로 있는 한 사업의 성장을 기대할 수 없다는 결론에 이르기 때문이다. 이것이 대표이사회가 체이스를 해임한 이유다.

한편 그리피스는 가설의 설정과 검증에 능한 사람이었다. 그것은 사업의 잠재력을 보는 힘으로 이어진다. 이것이 투자가가 비즈니스 리더에게 가장 기대하는 부분이다. 가설의 설정·검증 능력은 살아남은 CEO와 떠나가는 CEO를 가를 만큼 중요한 것이다(로빈 체이스는 집카를 떠난 후 개인 간 카셰어링 업체 '버즈카(Buzzcar)', 버스 정보 공유 업체 '베니암(Veniam)'을 창업했고 2009년 〈타임〉 지가 선정한 가장 영향력 있는 100인에 꼽히기도 했다 – 편집자).

구글이나 애플의 본거지인 실리콘 밸리에서는 실험을 통한 가설의 검증이 밤낮 없이 거듭되고 있다. 기업가는 먼저 새로운 사업 플랜을 구상한다. 그리고 아직 생겨나지 않은 시장구조·사업구조·수익구조에 대하여 가설을 세운다. 그것으로 벤처 캐피탈에서 투자자금을 끌어오는데, 여기서 투자가가 자금을 댈지 말지를 어떻게 판단하는가에 대하여 생각해보자.

연습문제 6-5

벤처 캐피탈은 기업가의 사업 플랜에 대하여 자금을 댈지 말지를 무엇을 근거로 판단할까? 과거 실적이 없는 기업가가 아직 시장도 존재하지 않는 신규 사업에 힘쓰는 모습을 머릿속에 그려보자.

어떤 해답에 이르렀는가?

상정한 시장의 규모, 성장성, 수익성, 실행 가능성 등을 언급한 사람은 주의가 필요하다. 이들 지표는 이미 존재하는 사업에 대해서는 의미를 가지지만, 아직 시장도 존재하지 않는 사업에서는 이것들을 추측해도 참고 지표가 될 만한, 어떠한 판단의 근거도 될 수 없다.

그렇다면 기업가의 인간성은 어떨까? 확실히 그 인물이 약속을 지키는 사람인지 아닌지는 자금을 제공하는 데 중요한 판단기준이 된다. 그러나 그것만으로는 충분하지 않다. 구상력이나 실행력은 참고가 될 테지만, 그것을 어떻게 평가하면 좋을까?

실제로 많은 벤처 캐피탈이 판단의 근거로 삼는 것은 그 아이디어가 검증 가능한가이다. 그 아이디어를 검증하는 방법이 있다면 그것에 필요한 비용을 예상할 수 있다. 그리고 그것을 웃도는 충분한 기대 수익이 있다고 판단한다면 투자 대상이 될 수 있다.

반대로 기업가는 가령 5억 원의 자금을 끌어냈다고 한다면 몇 차례의 실험이 가능한지를 생각한다. 예컨대 한 번의 실험에 5000만 원이 든다면 총 10회의 실험이 가능하다. 그 열 번의 기회를 최대한 유용하게 활용하기 위해 어떤 가설을 어떤 순서로 검증해가는 것이 좋은지, 그를 위해 어떤 실험을 디자인해야 할지를 구체화한다. 그리고 열 번의 실험을 통해서 가설 일부가 검증되거나 새로운 사실이 발견되어 가설이 버전업되면 그것을 투자가에게 제시하고 두 번째 자금을 이끌어낼 수 있다.

여기서 말할 수 있는 것은 기업가에게 가장 중요한 것은 가설의 설정·검증 능력이라는 사실이다. 집카에서 스콧 그리피스가 실행한 것을 보면, 가설의 설정과 검증이 효과적일수록 짧은 시간과 적은 비용으로 사업의 성공요인이나 잠재력을 산출해낼 수 있음을 알 수 있다.

아무것도 안 하는 공포와 맞선다

가설의 설정·검증 능력은 기업가에 그치지 않고 많은 비즈니스 리더에게도 필요하다. 그것은 비즈니스 리더는 사람이나 돈이라는 경영자원을 움직이는 입장에 있기 때문으로, 가설을 검증하고 근거를 획득한 대책만을 실행에 옮길 필요가 있다.

여기서 자주 하게 되는 실수는 근거도 없으면서 부대를 움직이는 것이다. 아무것도 안 하면 불안하기에 승산 없이 부대를 움직이는 사람이 있다. 그 결과 '여기를 파라, 멍멍' 하고 말했지만 아무것도 나오지 않는 상황에 직면한다. 이렇게 되면 비즈니스 리더로서의 실력을 묻지 않을 수 없다.

살아남은 비즈니스 리더는 이것과는 반대의 일을 한다. 결국 근거를 얻지 못했다면 부대를 움직이지 않는다. 그러면 아무것도 안 한다는 공포와 마주설 수밖에는 없다. 그런데 그것이 무의식 세계를 활성화시킨다. 그리고 시장 안을 걷고 낯선 사람을 만나러 가게 된다.

또한 살아남은 비즈니스 리더는 일단 가설이 검증되어 성공요인을 밝혀냈다면 이번에는 그것을 철저하게 전개한다. 그로 인해 처음 생각했던 사업규모의 10배 정도로 가치를 끌어올리는 일도 많다. 가설의 설정·검증 능력을 높임으로써 이런 생동감 넘치는 일이 가능하다.

가설을 세우고 검증할 수 있도록
다음과 같은 트레이닝을 해보자.

◎ 시장이나 고객을 관찰한다.

◎ 어떤 마음에 걸리는 일이 있다면 거기서 가설을 이끌어낸다.
   그때 5W1H를 구체적으로 상정한다.

◎ 가설을 검증하기 위한 실험이나 조사를 디자인한다.

◎ 검증할 방법이 생각나지 않는다면 아직 가설이 구체화되지 않았다는 것을
   의미하므로 가설을 더욱 구체화한다.

◎ 실험이나 조사를 실시하고 가설을 검증해본다.

비즈니스 스승 4인의 가르침

Larry Page & Sergey Brin
Son Masayoshi
Steve Jobs
Jeffrey Bezos
Philip Kotler
Suzuki Toshifumi

Andrew Grove
Louis Gerstner
Lee Kuan Yew
Matsushita Konosuke

앤드류 그로브(Andrew Grove, 1936~2016)

루이스 거스너(Louis Gerstner, 1942~)

리콴유(李光耀 1923~2015)

마츠시타 고노스케(松下幸之助, 1894~1989)

정보혁명 이후의 세계에서는 눈에 보이는 것, 과거에 경험한 것, 이미 상식이 되어버린 것, 자신의 내면에 시야가 고정되어 있다면 더 이상의 발전은 기대할 수 없다. 지금까지 소개한 일곱 명의 천재들은 오히려 과감하게 눈에 보이지 않는 것, 경험한 적 없는 미래, 종전의 논리가 통용되지 않는 세계, 타인의 마음속으로 상상력을 펼치고 직관적으로 새로운 세계관을 떠올렸다. 그들처럼 세상을 바라보는 시점을 바꿀 수 있을지 없을지의 여부가 살아남는 비즈니스 퍼슨과 그렇지 않은 사람을 나눈다.

그래서 스텝 1부터 6까지는 '보이지 않는 것을 본다', '자신의 기량을 초월한 문제를 푼다', '미래를 만들어낸다', '상식에서 자유로워진다', '사람의 내면을 본다', '가설을 세우고 검증한다'는 일련의 트레이닝에 힘썼다. 그리고 상상력과 직관력은 관찰과 가설의 검증을 통해 단련될 수 있다고 말했다.

마지막 스텝 7에서는, 조금 시대를 거슬러 올라가 이러한 시점을 획득한 네 명의 비즈니스 스승이 이룬 업적을 돌아보면서 가르침을 얻고자 한다. 여기서 등장하는 인물은, 인텔의 가능성을 이끌어낸 앤드류 그로브, 정보통신업계의 미래를 예측하고 IBM을 재생시킨 루이스 거스너, 싱가포르라는 작은 섬나라를 세계 경제의 허브로 끌어올린 리콴유, '경영의 신'으로 불리는 마츠시타 고노스케다.

앤드류 그로브의 가르침 -
사업의 시점을 바꾸면 다른 가능성이 보인다

인텔의 역사는 세 시기로 나눌 수 있다. 제1기는 1968년부터 1985년까지의 '메모리 기업'의 시대, 제2기는 1985년부터

1998년까지의 '마이크로프로세서 기업'의 시대, 제3기는 1998년부터 시작된 '인터넷 기업'의 시대다. 메모리와 마이크로프로세서는 컴퓨터의 중핵에 해당하는 구성요소로, 각기 기억장치와 연산장치를 의미한다. 이 가운데 앤드류 그로브는 제2기의 CEO로 일했다.

그는 미국에서도 가장 우수한 경영자 중 한 사람으로 꼽히는데, 그것은 제2기에 인텔이 컴퓨터의 플랫폼을 지배하는 기업으로서 날아오를 가능성을 발견했기 때문이다.

인텔은 원래 MOS(금속 산화막 반도체) 설계 제조 기술을 성공요인으로 삼아, 타사에 앞서 메모리 사업을 성공시켰다. 여기서 그는 집적도나 수율(收率)을 높이는 데 큰 공헌을 한다. 그런데 1970년대에 접어들자 반도체 제조 장비의 개발투자에 거액의 자금이 들게 되고 제조 기술의 강점이 니콘이나 어플라이드 머티어리얼즈(Applied Materials) 같은 반도체 제조 장비 업체로 옮겨갔다. 마이클 포터(Michael Eugene Porter)의 5F(파이브 포스)에 의하면, 상류의 공급자(supplier)로 권력 이동(power shift)이 일어난 것이다.

이러한 환경 변화는 인텔을 궁지에 몰아넣었다. 제조 장비를 사는 것으로 강점을 획득한 일본의 반도체 기업이 급속도로 메모리 사업에 대두했다. 보다 일찍 성공요인을 확립한 기업이라도 이 같은 환경 변화에 전혀 상처받지 않을 수는 없었다.

이런 상황에 이르자 인텔은 메모리 사업에서 손을 떼기로 결단을 내린다. 메모리를 성공시킨 주역 중 하나인 앤드류 그로브로서는 매우 가슴 아픈 일이었을 것이다. 아무리 천재적인 그라도 과거의 성공 체험에서 물러서는 일은 결코 쉽지 않았을 것이다. 그것은 다음과 같은 말에서도 알 수 있다.

"생사를 건 싸움터가 되어서야 비로소 눈앞의 현실이 오래도록 신봉해왔던 신조를 완전히 부술 수 있었다."

그나마 인텔로서 다행이었던 것은 마이크로프로세서가 메모리를 대신해 주력제품으로서 사내에 두각을 나타내기 시작했던 점이다. 마이크로프로세서는 제조 기술이 아닌 회로설계 기술과 마케팅 능력이 성공요인이 된다. 마케팅 능력이 중요해진 것은 고객인 브랜드 제조업자와 함께 다양한 용도를 개발해야 할 필요가 있었기 때문이다. 이것으로 장비 제조사와 일본의 반도체 기업에 빼앗긴 패권을 되찾아올 수 있었다.

다만 이때는 마이크로프로세서의 주요 사용처인 개인용 컴퓨터가 아직은 폭발적인 성장을 이루지는 못한 시점이었다. 사무용 시스템에서 산업기계에 이르기까지 50종류 이상의 용도를 리스트 업 했을 때, 거기에 퍼스널 컴퓨터는 포함되어 있지 않았다고 한다.

이 때문에 퍼스널 컴퓨터용 OS를 개발한 킬달 사가 그것을 팔러 왔을 때도 거절했다. 만약 이때 인텔이 킬달 사를 매수했다면 인텔과 마이크로소프트를 합쳐놓은 듯한 거대 기업이 탄생했을지도 모른다.

이처럼 사업 발전의 가능성을 어떻게 보는가에 따라서 매수 안건을 바라보는 시점이 달라진다는 것을 알 수 있다. 가령 퍼스널 컴퓨터를 마이크로프로세서의 중요한 사용처로 보았다면 장차 킬달 사가 100조 원 이상의 사업 가치를 낳을 가능성도 보였을지 모른다.

이후 애플Ⅱ의 성공은 퍼스널 컴퓨터 시대의 도래를 알렸다. 이에 대항하여 IBM도 인텔의 마이크로프로세서를 기반으로 한 컴퓨터를 투입한다.

이 시점에서 앤드류 그로브는 '컴퓨터의 성장에 걸기'로 한다. 그리고 몇 백 년 후의 마이크로프로세서 개발 로드맵을 그리고, 컴퓨터 기업을 대신하여 PC의 세대교체를 리드하게 되었다. 또한 마이크로프로세서의 세대가 바뀌어도 옛 소프트웨어를 계속 이용할 수 있도록 세대 간 호환성을 확보하는 것으로 독점기업으로 나아갈 수 있음을 발견한다.

호환성이 있다면 편리해진다. 그러면 인텔의 프로세서를 선택하는 사용자가 증가한다. 이것으로 인텔 프로세서용이라 쓰인 소프트웨어가 더욱 증가한다. 그리고 다시 인텔의 프로세서가 팔리는, 눈덩이처럼 불어나는 효과를 얻을 수 있다는 것을 알아차렸다.

더욱이 그는 자사를 단순히 마이크로프로세서 제공자로 보는 게 아니라 '컴퓨터의 아키텍처를 창조하는 기업'으로 보는 세계관이 있다는 것도 발견한다. 여기서 잠시 연습문제를 풀어보자.

인텔을 마이크로프로세서 제공자로 봤을 경우, 성공요인은 앞에서 말했듯이 회로설계 기술이나 마케팅 능력이 된다. 그러나 컴퓨터의 아키텍처를 창조하는 기업으로 보면 그것과는 다른 성공요인이 부각된다. 앤드류 그로브는 어떤 성공요인을 발견했던 것일까?

컴퓨터의 아키텍처를 창조하기 위해서는 프로세서에 그치지 않고 컴퓨터 시스템 전체의 성능을 높이는 능력이 필요하고, 그를 위한 연구개발력이 성공요인이 된다. 그것은 마이크로프로세서 공급자에게 요구되는 회로설계 기술이나 마케팅 능력 같은 성공요인과는 다른 차원의 것이다. 그러나 수익성이 낮은 컴퓨터 제조사에는 그런 투자를 행할 금전적인 능력이 없었다. 바로 그곳에 '진공' 지대가 있음을 앤드류 그로브는 주목했다.

그래서 인텔이 컴퓨터 제조사를 대신하여 컴퓨터 플랫폼에 관한 연구개발을 하는 '인텔 아키텍처 연구소(Intel architecture lab)'를 설립한다. 그곳에서는 프로세서의 발전을 이끌어내기 위해 소프트웨어의 기반 기술 개발에까지 힘썼다. 그 일을 위해 천 명 규모의 소프트웨어 엔지니어를 고용한다. 기존 반도

체 기업의 시점이라면 소프트웨어 엔지니어를 천 명 규모로
고용하는 일은 선택지로 보이지 않았을 것이다.

인텔은 이런 투자로 얻은 성과를 자사의 칩셋과 메인보드
안에 담았다. 그로 인해 중소기업에서도 간단히 컴퓨터 사업
을 할 수 있게 되면서 많은 새로운 고객이 탄생했다. 그 결과,
기존 고객이던 IBM이나 컴팩의 구매력을 약화시키는 데 성공
했다. 보드의 경우로 말하면, 하류인 컴퓨터 제조사에서 상류
공급자인 인텔로 권력 이동을 일으킨 것이다.

이 같은 형태로 앤드류 그로브는 차례로 에스키모를 발견하
고 환경에 지배당하는 기업에서 환경을 지배하는 기업으로 변
신하며 인텔의 껍질을 벗어던졌다.

그는 '편집광만이 살아남는다'는 유명한 말을 남겼다. 편집광
이란 정신병의 일종으로, 늘 불안이나 망상에 사로잡히는 증상
을 동반한다. 환경의 변화에 대하여 과민하고 계속 불안을 느끼
기는 것이 오히려 생존할 수 있는 조건이라고 말했던 것이다.

새로운 자극을 받아들임으로써 무의식 세계가 활성화되고,
거기서 어느 날 돌연 새로운 세계관을 떠올리는 뇌 구조를 앤

드류 그로브의 방식으로 표현한 것이라고 할 수 있다.

그가 경험으로 배운 것은 자사를 어떻게 보는가에 따라서 비즈니스 기회를 보는 시점이 달라진다는 사실이다. '우리는 반도체 제품의 공급자로 그 용도는 50종류다'라는 시점을 가졌을 때는 킬달 사의 매수 안건에서 보았듯 비즈니스 기회는 고작 수백억 원이었다.

그런데 '우리는 컴퓨터의 플랫폼을 창조하는 기업이다'라는 시점을 가지면 돌연 100조 원 이상의 잠재력이 보인다(마이크로소프트의 시가총액은 약 400조 원). 반도체 제품의 공급자라는 기량을 초월하여 인텔의 가능성을 발견함으로써 그 이후 비약적인 성장을 가능하게 했다. 앤드류 그로브가 미국에서 최고 경영자 중 한 사람으로 꼽히는 이유는 여기에 있다.

연습문제 7-2

당신이 소속한 회사를 어떻게 정의할 수 있는가? 여러 가능성에 대하여 생각해보자. 회사를 바라보는 시점을 바꾸기만 해도 비즈니스 기회를 보는 눈이 어떻게 바뀌는지 살펴보자.

루이스 거스너의 가르침 - 업계 전체의 변화에 걸어라

루이스 거스너는 맥킨지, 아메리칸 익스프레스, RJR 내비스 코 회장 겸 CEO를 거쳐 1993년에 도산 직전에 있던 IBM에 CEO로 취임했다. 그는 외부에서 등용한 IBM의 첫 최고경영자, 결국 아마추어였다.

IBM은 오픈화와 다운사이징이라는 컴퓨터 업계의 환경변화에 뒤처져 실리콘 밸리를 중심으로 한 미국 서해안의 기업가들에게 사업영역을 침식당하고 있었다. 그 결과 1991년부터 1993년에 걸쳐 누적 15조 원이 넘는 적자를 기록한다. IBM은 경영환경이 근본적으로 변하는 가운데 새로이 싸우는 방법을 습득하지 못했던 것이다.

루이스 거스너는 이런 환경 변화의 배경에 있는 힘을 간파하고, 장차 이어질 업계 전체의 미래 모습을 해명했다. 그것은 현재 우리가 '클라우드 서비스의 시대'로 부르는 세계관이다. 그것을 해명함으로써 IBM은 부활할 수 있었다. 결국, 전문가들이 보지 못한 세계 혹은 보고 싶지 않던 세계를 아마추어인 그가 해명한 것이다. 그가 당시 생각했던 대부분은 실제로 지금까지 실현되어 왔다.

모바일 단말기의 보급으로 컴퓨터의 매출이 떨어진다, 클라우드 서비스가 상거래나 사람들의 관계 방식을 바꾼다, 기업이 물이나 전력을 사듯 정보 서비스를 사게 한다, 국가 이익과 시민 이익이 충돌하는 시대가 온다 등등. 아니, 어쩌면 스티브 잡스처럼 '미래를 스스로 만들어냄'으로써 자신의 예측을 실현시켰다고 말할 수 있을지도 모른다.

이런 새로운 업계 구조는 애플이나 구글의 대두를 촉진시켰고 일본의 전자회사에 어려움을 가져왔다. 또한 아마존 같은 EC 사이트나 라인 같은 어플리케이션의 보급으로 소매업이나 전화회사에도 크나큰 변화를 가져오고 있다.

루이스 거스너는 IBM의 재생을 위하여 두 가지 큰 모험에 나선다. 하나는 업계 전체의 방향성에 관한 모험이고, 다른 하나는 IBM 자사의 전략에 관한 모험이다.

전자는 앞에서 말한 대로 클라우드 서비스의 대두다. 온갖 단말 기기가 네트워크로 연결된다. 그리고 클라우드(구름) 저편에 있는 강력한 컴퓨터나 다양한 소프트웨어를 자유로이 이용할 수 있게 된다. 그 결과 단말기의 가치는 낮아지고 데이터를 주고받는 네트워크의 가치는 높아진다.

이런 예상은 적중하여 TV 방송, 영화, 음악, 게임, 전화 등 지금까지 독자적인 매체와 전용 하드웨어를 통해서 소비되던 콘텐츠가 인터넷 프로토콜에 의해 공통 포맷의 데이터로 바뀌고 iPad 한 장으로 모든 것을 즐길 수 있는 시대가 되었다.

또한 IBM 자사를 위한 전략으로 미들웨어(middleware)와 서비스에 대한 대담한 투자에 나섰다. 미들웨어란 데이터의 흐름이나 부하를 관리하는 소프트웨어로, 네트워크를 통해서 대다수 기업이나 개인이 데이터를 주고받게 되면 미들웨어의 수요가 증가할 것이라고 예측했던 것이다. 또한 고객이 다양한 공급자의 기기나 소프트웨어를 네트워크로 연결하면 그것들을 전체적으로 통합하는 솔루션이나 서비스의 가치도 높아진다.

이런 미래상에 근거하여 그는 IBM의 사업구조 재구축에 힘썼다. 당시 'IBM 분할론'이 세상의 상식이었으며 다양한 제품 분야별로 회사를 분할해야 한다고 주장하는 사람들이 많았다. 각 분야에 전문적으로 특화한 실리콘 밸리의 기업들과 싸우기 위해서는 IBM도 몸집을 가볍게 만들 필요가 있다는 것이다. 그런데 루이스 거스너는 업계의 이 같은 상식에 애초부터 회의적이었다. 그렇다면, 여기서 연습문제를 통해 생각해보자.

연습문제 7-3

거스너는 왜 업계의 상식과는 반대로 IBM을 분할해서는 안 된다고 생각했던 것일까?

| 힌트
그의 경력 중에 실마리가 있다.

전문 제조사가 한 곳 더 증가하는 것을 고객은 진실로 원할까? 고객이 원하는 것은 날로 복잡해지는 정보기술을 정리하고 솔루션이나 서비스로 제공해주는 기업이 아닐까? 그러기 위해서는 다양한 분야의 기술자가 필요하다. IBM은 그런 고객이 필요로 하는 것을 이미 갖고 있다. 그 강점을 분할한다면 진정으로 IBM은 재기할 수 있을까? 고객의 입장에서 IBM을 보았던 그는 고객의 마음을 읽고 무엇을 원하는지를 파악할 수 있었다.

이 때문에 그는 업계의 상식과는 반대로 IBM을 종합 IT 기업으로 존속시키기로 결단한다. 게다가 자사의 미들웨어를 오픈화하여 타사 제품인 하드웨어에도 적용할 수 있도록 했다.

그를 아마추어로 여겼던 IBM 내에서는 당연히 '적에게 소금을 내주는 격'이라며 격렬히 반대했다. 그러나 그는 그것에 굴하지 않고 '고객에게 좋으면 타사 제품이라도 권한다'고 응대한다. 제프 베조스의 선례가 이미 여기에 존재했다고 할 수 있다.

또한 로터스 디벨럽먼트(Lotus Development)를 매수하여 다수 사용자의 공동작업을 지원하는 미들웨어 '로터스 노츠'를 획득한다. 그와 병행하여 서비스 사업을 전 세계에서 일원화하고 글로벌 기업의 요건에 맞춘 체제를 확립했다.

한편, 어플리케이션과 소프트웨어에 대해서도 사내의 반대를 무릅쓰고 퇴각하기로 결단한다. SAP 등의 어플리케이션·소프트웨어 대기업과 경쟁하기보다 협력하는 편이 득이라 판단했기 때문이다.

이 같은 형태로 루이스 거스너는 일단 IBM의 수직통합형 비즈니스 모델은 유지하면서도 미들웨어와 서비스에 관해서는 업계를 가로지르는 수평형 비즈니스 모델을 확립했다. 어느 방향에서 보면 수직통합형이고, 다른 방향에서 보면 수평형으로 보이는 애플의 비즈니스 모델의 선례를 여기서 볼 수 있다.

루이스 거스너는 정보혁명이라는 수백 년에 한 번 찾아오는 거대한 물결을 온몸으로 받으면서도 앞으로 탄생할 업계 전체의 미래를 정확히 예상했다. 그런 가운데 서비스나 미들웨어로 가치가 옮겨 갈 것임을 발견하고 거기에 사운(社運)을 걸고 IBM의 사업구조를 재편한다. 그것이 이후 IBM이 재기하여 성공할 수 있게 했다. 만약 그가 IBM 사내만을 보거나 과거의 상식에 사로잡혀 있었다면 IBM은 정보혁명에 의해 사라진 기업으로 기록되었을지도 모른다.

환경이 크게 변하고 있을 때는 자사만 봐도 해결책은 보이지 않는다. 사업의 전제조건인 업계의 구조 자체가 장차 어떻게 변해갈 것인가? 그것으로 시야를 넓힐 때 비로소 해결책이 보이게 되는 것을 알 수 있다.

연습문제 7-4

당신이 몸담고 있는 업계의 구조는 정보혁명에 의하여 장차 어떻게 변해갈 것인지 생각해보자. 그러는 가운데 가치가 어디로 옮겨 가고, 어디서 새로운 가치가 생겨날지 생각해보자.

리콴유의 가르침 –

뜻이 있으면 인기 따윈 필요치 않다

이어서 소개할 천재는 '싱가포르의 철학자'로 불리는 리콴유다. 이번 장을 집필하는 동안 마침 그의 타계 소식을 접하리라고는 생각지도 못했다.

리콴유는 싱가포르의 초대 수상이다. 1965년에 말레이시아 연방에서 추방당하는 형태로 독립한 이후 동남아시아의 중심 말라카 해협의 교통 요충지로서의 입지를 획득하고 싱가포르를 세계 경제의 허브로 끌어올렸다. 지금은 싱가포르의 1인당 GDP가 일본의 GDP를 상회한다.

그뿐만이 아니라, 화교 인맥을 구사하여 전 세계 정보와 통하는 동시에 독자적인 통찰력을 발휘한 그에게 각국의 정치가가 조언을 구해왔다. 리처드 닉슨이나 헨리 키신저가 중국과 국교를 정상화했던 시기부터 최근 버락 오바마 대통령에 이르기까지, 리콴유와 만나기 위해서 싱가포르를 찾는 각국 정치가가 적지 않았다.

독립 초기에는 천연자원은커녕 물조차도 충분하지 않던 섬나라를 맡고 리콴유는 불면증으로 쓰러진 적도 있었다. 그러나 그 후 '다른 국가가 필요로 하는 국가가 된다', '우리가 가진 것은 전략적인 입지조건과 그것을 살릴 수 있는 국민뿐이다'라는 시점에 이르고 차츰 시책을 구체적으로 실현시킨다.

1960년대까지는 국민의 저축촉진과 주택개발에 주력한다. 리콴유는 다른 국가가 필요로 하는 국가가 되기 위해서는 먼저 국민 한 사람 한 사람을 자립심 있고 사회적 책임을 짊어진 건전한 정신의 소유자로 키우는 것이 중요하다고 생각했다. 그를 위해서는 안정적인 생활 기반이 필요하다고 생각해 급여에서 일정 비율을 국가가 공제하여 강제적으로 저축하는 제도를 도입했다.

리콴유는 이런 방식으로 강제적인 시책을 실행에 옮겼기에 국민들로부터 인기는 그다지 높지 않았다. 그러나 그로 인해 국민의 자산은 자연히 형성되어 갔다. 또한 국가가 양질의 주택을 대량으로 제공하여 대다수 국민이 저축한 돈을 보증금으로 자택을 소유하게 되었다. 그리고 다음 세대에 의존하지 않아도 생활할 수 있는 사회 환경을 실현시켰다.

1970~80년대에 들어서자 이번에는 교육정책에 주력한다. 우선은 '올바른 중국어를 말하자'는 캠페인을, 그리고 '올바른 영어를 말하자'는 캠페인을 이어갔다.

싱가포르의 전략적인 입지조건을 살리려면 글로벌하게 사업을 전개하는 기업의 아시아 거점을 유치하는 것이 가장 효과적이다. 그러기 위해서 처음에는 화교계 기업을, 이어서 구미의 기업을 타깃으로 공세를 펼치는 동시에 국민의 고용 가능성을 높이려고 했던 것이다.

대다수 기업을 유치하고 경제가 활성화하면 이번에는 교통정체로 고민하게 된다. 그래서 싱가포르는 1960년대에 이미 대량운송계획을 입안하여 도로교통망을 정비하는 동시에 도심부에는 진입차량에 대한 통행허가제(ALS, Area Licensing Scheme)를 도입하여 허가증을 구입한 차만이 들어올 수 있게 했다. 이로 인해 차를 소유하는 데 드는 비용이 높아졌지만 '정체 없는' 도시를 실현하는 데 성공했다.

이런 정책 덕분에 싱가포르의 창이공항에 도착한 뒤 도심부 사무실까지 약 30분이면 도착할 수 있게 되었다. 또한 영어를 할 수 있는 인재를 간단히 채용할 수 있다. 이것이 대개의 글로벌 기업이 싱가포르에 아시아 지사를 두는 이유다.

1990년대에 들어와서는 1960년대에 지은 주택이 노후화되면서 포괄적인 지역 재개발 계획을 도입하여 정비가 추진되고 있다. 일본에서는 주민의 이해가 일치하지 않아 지역재생이 좀처럼 진행되지 않는 경우가 많지만, 싱가포르는 비록 평판은 좋지 않지만 정책이 강제적으로 추진되고 있어 결과적으로 국민의 생활수준과 자산가치가 유지, 향상되는 방향으로 이어지고 있다.

그리고 이와 병행해 '지역 만들기 위원회'를 설치하여 주민자치에 의한 지역 운영을 진행하고 있다. 악명 높은 '추잉검 금지령'이 도입된 것도 이즈음이다.

나아가 2000년대에 접어들어 센토사나 마리나 베이 샌즈로 대표되는 종합 리조트 개발에 나섰다. 이것은 경제력이 생긴 아시아 관광객과 부유층을 싱가포르로 끌어들이는 동시에 글로벌 기업의 비즈니스 퍼슨에게 선택받는 땅으로 만들자는 의도다. 지금은 도시에도 즐거움이 없으면 기업으로부터 선택받지 못하는 시대가 되어가고 있는 것이다.

리콴유가 국민의 자산 형성이나 생활수준 향상, 교육이나 자치문제에 주력한 것은 앞서 말했듯 사회적 책임을 짊어진 국민을 육성하는 것이 '다른 국가가 필요로 하는 국가'가 되기 위한 필요조건이라고 생각했기 때문이다.

리콴유는 경제나 비즈니스에서 '신용'이 가장 중요하다는 것을 알았다. 다른 국가에서 필요로 하는 국가가 되기 위해서는 신용을 받기에 충분한 국민이지 않으면 안 된다. 그것은 다음의 발언으로도 전해진다.

"주변국의 제도가 깨끗하지 않았던 데 반해 우리 국가는 제도가 깨끗했다. 주변국의 법치제도는 불안정했지만 우리나라의 법치제도는 흔들림이 없었다. 일단 우리나라에서 합의나 의사결정이 되었다면 반드시 그것을 지킬 체제를 만들었다. 덕분에 우리나라는 투자가가 신용하는 투자지가 되었다."

지금 비즈니스계는 사업 기회나 인재를 세계 어디서든 조달할 수 있는 시대가 되었다. 신용할 수 있는 자립한 국민과 국가를 만듦으로써 자원이 없는 국가에 기술과 자금, 정보를 끌어들여 경쟁력을 키울 수 있게 되었던 것이다.

한편, 외국계 기업에 문호를 열려고 하면 반드시 보호주의의 움직임이 나오는 것이 세상 이치다. 그런데 리콴유는 국민에게 눈앞의 보호주의에 매달리지 말고 세계 규모의 인재 교류 속으로 뛰어들어 경쟁력을 키우도록 촉구했다.

"우리나라는 국수주의가 되려는 데 저항할 필요가 있다. 사고방식도 행동도 국제적이어야만 한다. 외국에 보내거나 외국인과 교류하여 세계적인 수준에 이를 수 있도록 우리의 인재를 키워야 한다."

자원도 없는 국가가 살아남기 위해서는 현재 상황에 안주해서는 안 된다. 끊임없는 혁신과 기업가 정신을 가지는 것이 중요하다. 그를 위해서는 시야를 세계로 열고 전 세계의 인재와 교류하며 절차탁마(切磋琢磨) 할 필요가 있다. 그것이 가능하다면 격변하는 정보혁명 이후의 시대를 오히려 기회로 볼 수 있다. 리콴유가 좋아하는 말은 '서바이벌'이었다.

리콴유는 싱가포르라는 섬나라의 무한의 가능성을 발견한

인물이다. 그것을 가능하게 만든 것은 상식에 구속받지 않은 그의 자유로운 시점이었다. 싱가포르 건국 당시 주류를 이뤘던 주장은 '외국기업에 문호를 열면 싼 노동력과 원재료를 착취당하고 국가는 가난해질 것'이라는 것이었다.

그러나 리콴유는 그런 주장에 움직이는 인물이 아니었다. 그는 끊임없이 자문했다. "어떻게 하면 이 정책을 제대로 기능하게 만들 수 있을까?"라고. 그리고 여러 가설을 세우고 시도한 끝에 검증된 것만을 실시하였다. 게다가 어느 방향의 시책이 잘된다는 것을 알면 그 방법의 바탕에 있는 원리가 무엇인지를 깊이 생각했다.

이것이 리콴유가 '진짜 같은 거짓'에 속지 않고 '싱가포르의 철학자'로 불리게 된 이유다. 세븐앤아이홀딩스의 스즈키 도시후미 회장과 통하는 데가 있다.

이런 까닭으로 리콴유는 대다수 사람이 예찬하는 민주주의에 대해서도 회의적인 눈으로 바라봤다. 그렇다면 여기서 연습문제를 풀어보자.

민주주의의 공과를 생각해보자. 리콴유는 왜 민주주의에 회의적이었을까?

리콴유는 절대적인 선 같은 것은 없다고 생각했다. 사물에는 반드시 긍정적인 측면과 부정적인 측면이 있기 마련이다. 절대적으로 옳은 것을 찾으려고 하기보다 사물의 음양을 바르게 이해하고 현명하게 이용하는 것이 정치적인 성과로 이어진다고 여겼다.

'개인은 진정 평등한가?' '대중은 감정으로 움직이기에 통제하기 어렵다.' 이런 인식에서 그는 거리낌 없이 '국가 발전에는 민주주의보다 규율이 필요하다'고 말했다. 그런 까닭으로 교육에 주력하는 한편으로 '벌금 국가'라는 야유를 받을 정도로 규율을 국민 생활에 침투시켰다.

민주주의가 국가 발전을 저해하는 사례로 '아랍의 봄' 이후에 일어났던 사태를 보면 충분할 것이다. 아랍의 봄은 당시 여러 서방 국가로부터는 '자유의 승리'로서 축복받았다. 그러나 그 이후에 일어난 혼란을 보면 그것이 단순히 생긴 아픔이 아님을 알 수 있다.

국가가 붕괴되고 질서를 잃으면 돌연 파벌 다툼이 격렬해지고 혼란과 폭력이 지배하게 된다. 아랍의 봄 이후 중동과 북아프리카에서 자행된 폭력은 10배로 증가했다는 보고도 있다. 국가에서 개인으로 권력이 이동하고 공사(公私) 혼동이 시작되면 사회는 큰 혼란에 휩싸인다. 리콴유는 이런 인간의 본성을 냉철히 꿰뚫어보고 있었던 것이다.

싱가포르에 부임한 당시 리콴유를 두고 독재적이라며 비판했던 한 서양인이 어느 사이에 그를 위대한 인물로 예찬하는 모습을 나 역시도 본 적이 있다. 리콴유도 제프 베조스나 스티브 잡스처럼 사회와 충돌하면서 주위의 시점을 바꿔나가는 힘이 있었다고 할 수 있다.

리콴유는 민주주의가 성립할지 말지는 '개인의 최대 자유가 다른 사람의 자유와 함께 사회 안에서 공존할 수 있는가에 있다'고 말한다. 개인주의나 자유경쟁이 지나치면 혼란이 발생하고 사회 전체가 병든다. 아무리 이념이 훌륭해도 국민이 그것을 따라갈 수 없다면 국가는 무너진다. 따라서 사회의 질서를 지키기 위하여 리더에게 지도력이 요구되는 것이다.

"유교사상의 밑바닥에 있는 것은, 위에 선 자는 대중의 이익을 알고 개인의 이익보다도 사회의 이익을 우선해야 한다는 것이다. 이것은 개인의 이익을 우선하는 미국의 원칙과는 다르다."

단, 그렇게 말하면서도 한편으로는 싱가포르 국민에게 미국의 자립심, 진취적인 정신을 배우도록 지도하는 것도 잊지 않는다. 리콴유에게서도 이 책에서 소개한 많은 천재들의 공통점인 '양면성'을 찾아볼 수 있다. 그의 사상에 의하면 본디 인간 자체가 양면성을 가진 생물이기 때문이다.

"내가 배운 것은 무엇인가? 그것은 인간이나 인간사회가 가진 양면성이다. 향상할 가능성이 있는 반면, 후퇴나 붕괴의 두려움이 늘 따른다. 문명사회가 얼마나 취약한지 나는 알고 있다."

리콴유는 이런 인간관에 근거하여 필요하다고 여기면 인기 없는 정책을 내놓는 것도 두려워하지 않았다. "뜻이 있으면 인기 따위는 필요 없다"고까지 말했다. 하지만 결코 무리하지는 않았다. 한달음에 이념을 실현하는 것이 아니라 시간을 들여서 환경을 조성해가는 것을 게을리하지 않았다.

"중요한 것은 급하면 돌아가라는 것이다. 과거에 키워온 습관이나 기득권을 버리려는 사람은 없다. 다만 국가로 존속하기 위해서는 일종의 특색, 공통적인 국민성을 가질 필요가 있다. 압력을 가하면 문제에 부딪힌다. 그러나 부드럽게 조금씩 행하면 동화되지는 않아도 이윽고 융합하는 것이 도리다."

인간의 내면을 잘 이해하고 있는 데다 성과를 서둘러 구하지 않고 많은 사람이 따라올 수 있는 속도로 변혁을 실행해가는 것이다. 화려하지는 않지만 나중에 돌아보면 착실하게 성과를 올렸다는 것을 알 수 있다. 리콴유는 수상 퇴임식에서 다음과 같은 말로 그의 사상을 담았다.

"말할 수 있는 것은, 싱가포르를 훌륭한 국가로 만들기 위해 최선을 다했다는 것뿐이다. 사람들이 그것을 어떻게 평가하는가는 자유다."

리콴유가 지금 한국의 대통령이라면 장래 한국의 가능성을 어떻게 보았을까? 한국이 다른 국가에 필요한 국가가 되기 위해서 그가 무엇을 실행할지 생각해 보자. 또 그때 한국의 강점이 되는 것은 무엇일까?

마츠시타 고노스케의 가르침 –
늘 어려운 길을 선택하라

마지막으로 등장하는 것은 일본에서 '경영의 신'이라고 불리는 마츠시타 고노스케다. '정보혁명 이후의 세계에 대하여 이야기하던 중에 마츠시타 고노스케라니 너무 옛날사람이 아닌가' 하고 의문을 가지는 사람도 있을지 모르겠다. 실제로 그는 전기, 물리, 화학이라는 산업혁명 시대의 원리에 근거하여 사업을 성장시킨 사람이다. 그러나 그것뿐이라면 '신'으로 불리며 추앙받는 존재가 되지는 않았을 것이다.

이엑세스(현재 와이모바일)의 창업자인 센모토 사치오(千本倖生)는 1989년에 세상을 떠나기 직전의 마츠시타 고노스케와 만났다.

센모토는 일본의 통신자유화에 큰 공헌을 한 사람이다. NTT 출신이지만 그 후 교세라의 이나모리 가즈오와 공동으로 DDI(현재 KDDI)를 설립하고 NTT에 대항할 세력을 만들었다. 그 이후 인터넷 시대가 되고부터는 이엑세스, 이모바일을 창업한, 일본에서도 손꼽히는 기업가다.

센모토가 고노스케와 만난 것은 통신자유화가 마츠시타 전기산업의 미래를 어떻게 바꿀 것인지에 대하여 생각하던 고노스케의 부름을 받았기 때문이다. 당시 고노스케는 주위 사람에게 들릴 정도의 목소리로 얘기할 수 없는 상태라서 곁에 통역 같은 역할을 맡은 사람이 고노스케의 작은 소리를 듣고 센모토에게 전하는 식으로 대화가 이뤄졌다.

그런 중한 상태에서도 고노스케는 여전히 마츠시타 전기의 미래를 생각하고 도전하는 태도를 잃지 않았던 것이다. 고노스케는 정보혁명 이후의 세계를 살았더라도 틀림없이 성공했을 것이다. 내가 그 같은 확신을 하는 이유를 지금부터 이야기해보고 싶다.

고노스케가 쓴 책 중 《사람을 살리는 경영》이 있다. 그가 다수의 책을 남긴 덕에 그의 발상법이나 시점을 지금까지도 분명히 살펴볼 수 있다. 그의 책은 전 세계 사람들에게 읽혔다. 전에 한국에서 경영자들의 디너 모임에 참석했을 때 마침 내 옆에 앉아 있던 그룹의 회장이 "나는 마츠시타 고노스케의 책을 모두 읽었다"며 흥미롭게 이야기하던 것을 기억하고 있다.

《사람을 살리는 경영》을 읽으면 그가 어떤 문제에 직면했을 때 반드시 두 가지의 선택지를 준비하고 해결해나간다는 것을 알 수 있다. 처음 도쿄에 판로를 만들 때의 일화다. 그는 야간 전철을 타고 매주 도쿄로 상경하여 도매상들을 일일이 돌며 자신들이 만든 2구 전구용 콘센트를 선보이고 그것을 취급해줄 것을 부탁한다.

어느 도매상이 값을 묻자 고노스케는 25전이라고 답한다. 그러자 그 도매상은 "그 정도는 특별히 비싸지 않다. 그러나 당신은 도쿄에서 처음 물건을 파는 것이니 23전으로 하자"고 요구했다.

이에 대해 고노스케는 분명 도쿄에 판로를 확보하는 일이 급선무로 23전에 파는 것이 좋다는 도매상의 말이 맞다고 생각했다. 원가는 20전이라서 23전이라도 이익은 충분히 얻을 수 있다. 그러나 한편으로는 자신을 포함하여 사원들이 열심히 일해서 만든 것이기에 간단히 값을 깎아서는 안 된다는 생각도 있었다. 자, 여기서 연습문제를 풀어보자.

마츠시타 고노스케가 23전과 25전 중 어느 쪽을 선택했을지 생각해보자. 또 그렇게 결단한 이유에 대하여 생각해보자.

그는 이때 일단 23전에 응할까도 생각했지만 자기 안에서 올리는, 그러지 않는 편이 좋겠다는 마음의 소리에 따라 결국 25전으로 밀어붙였다. 그 결과 25전에 사는 도매상도 있었고 그러지 않는 도매상도 있었다.

그런데 그 후 도쿄의 도매상이 한자리에 모여서 고노스케에 대한 이야기를 나누게 된다. "오사카의 마츠시타라는 곳은 좋은 물건을 만든다." "분명 그렇기는 하지만 마츠시타는 좀처럼 값을 깎아주지 않는다." "맞다. 그러나 누구에게든 일정한 값을 받고 있으니 사는 사람으로서는 안심할 수 있다." "다른 데서 좀 더 싸게 살 수 있다면 안심하고 사기 어렵다……."

처음에 비싸게 값을 제시하면서 상대의 낯빛을 살피고 값을 깎아주는 짓을 하면 노련한 도매상들에게 신용을 얻을 수 없었을 것이다. 물론 고노스케 자신이 이런 것을 미리 알고 25전을 선택했을 리는 없다. 말로는 설명할 수 없지만 "내 안에서 그렇게 하지 않는 편이 좋겠다"고 말하는 소리에 따라 그저 25전을 선택했을 뿐이다.

결국 마츠시타 고노스케가 특별히 의식한 것은 아니지만 무의식 세계에 무언가가 걸렸고 자신도 알아차리지 못한 채 25전을 선택했던 것이다. 그것이 그 후 신용을 얻는다. 《사람을 살리는 경영》을 읽으면 이것과 비슷한 장면이 여러 차례 나온다.

'담보가 있으면 곧 돈을 빌려주겠다'는 은행의 말에도 웬일인지 그는 무담보로 대출을 받겠다고 고집을 부렸다. 그 때문에 장부를 모두 공개하고 은행에 마츠시타 전기의 경영을 모두 이해시킨다. 그런데 이후 불황이 찾아왔고 대출금 회수를 당하는 것을 면한다.

여기서 그가 다른 사람과 다른 점은 두 가지 선택지 중 언제나 어려운 쪽을 선택하고 있다는 점이다. 23전으로 값을 낮추는 것보다 25전을 고집하는 게 훨씬 어렵다. 담보를 잡히고 돈을 빌리는 것보다 무담보로 빌리는 쪽이 어려움을 동반한다. 그럼에도 상관없이 일관적으로 어려운 쪽을 선택한다. 그리고 그러한 태도가 이후 그 자신도 알지 못하는 사이에 효과를 가져왔다.

이처럼 그는 보통 사람이 걷지 않으려는 길을 굳이 선택함으로써 세상의 진리를 밝혀왔다고 말할 수 있다. 세상에 절대적인 진리가 있는지 혹은 없는지는 아무도 모른다. 인간이 몇천 년 동안 논쟁을 이어오고 있지만 지금까지도 결론 나지 않았다.

그런데 마츠시타 고노스케는 '세상에는 옳은 길(진리)이 반드시 있다'는 데서 시작한다. '옳은 것을 실행하면 반드시 상대도 알아주고 장사도 번성한다. 그 옳은 장사의 길을 확장함으로써 사회가 번영한다'는 식으로 세상을 바라보았던 것이다.

이 때문에 일이 순조롭게 진행되지 않으면 '그것은 자신이 옳은 길을 발견하지 못했기 때문'이라고 생각했다. 그리고 두 개의 선택지(결국 대체안)를 세우고 어느 쪽이 옳은지를 해명하려고 한다. 그 결과 실제로 진리를 발견한다.

보통 사람은 이 반대를 행하는 경우가 많다. 자신은 옳은 일을 한다는 암묵의 전제를 세우고 '순조롭지 않은 것은 환경이 나쁘기 때문이다', '고객은 아무것도 모른다'고 생각한다. 이 때문에 순조롭지 않은 방식을 바꾸려고 하지 않는다.

두 개의 선택지를 가진다는 것은 머릿속에 있는 해결책을 쓱 꺼내 와 실행하는 것이 아니라 자기 자신도 그 효과를 알아차리지 못하지만 가설을 세웠다는 것을 의미한다. 그러나 지금 머릿속에 없는 선택지를 더듬어 찾는 일은 결코 간단하지 않다. 그 때문에 그가 해온 일은 '중지(衆智)를 모으는' 것이었다.

그는 원래 몸이 약해서 모든 것을 혼자 해내려는 생각을 하지 않았다. 이 때문에 어떤 문제가 있으면 도매상과 사원들에게 "나는 이렇게 생각하는데 당신은 어떻게 생각하는가?"라고 말을 건네 적극적으로 대화를 이끌어냈다. 앞에서 말한 센모토와의 일화에서도 그런 모습이 엿보인다. 이것이 고노스케의 무의식 세계를 활성화시키고, 선택지의 폭을 넓혔을 것이 분명하다. 그리고 아무도 걸은 적 없는 어려운 방식의 길을 굳이 걸음으로써 그것이 가져오는 효과를 발견했다. 그도 다수의 에스키모를 발견하면서 파나소닉 그룹의 가능성을 이끌어냈다고 말할 수 있다.

또한 '옳은 길은 반드시 있다'는 방침을 가지고 주저하는 수많은 경영자들에게 조언하고, 그들이 옳은 길을 발견하도록 도왔다. 그 결과 '경영의 신'이라 불리게 되었다. 지금도 그를 그리워하는 사람이 많다.

아직 발견되지 않았을 뿐 '옳은 길은 분명히 있다'는 시점은 제프 베조스의 다른 세계관과 통하는 데가 있다.

"세상에는 아직 발명되지 않은 것이 많다. 지금 새로이 일어나는 일도 많다. 인터넷이 얼마나 큰 영향을 가져올지 아직은 모른다. 따라서 모든 것은 지금 막 시작되었다."

정보혁명 후의 세계처럼 환경 자체가 격변하는 시대에는 마츠시타 고노스케가 고수한 방식이 통용될 수 있으리란 생각이 든다.

당신이 최근 직면한 문제에 대하여 두 가지 선택지를 생각해보자.

① 당신이 취한 선택지 외에 당신이 취하지 않은 '어려운 방식의 선택지'를 생각해보자.

② 만약 어려운 방식의 선택지를 택했다면 이후에 어떤 효과를 얻을 수 있는지에 대해서도 상상해보자.

정보혁명 이후의
세계를 산다는 것

새로운 시점을 발견하기 위해 지금까지 여러 트레이닝에 힘써온 당신을 기다리는 다음 단계는 당신 자신의 새로운 세계관을 찾아내는 것이다. 따라서 마지막 지면에서는 당신이 앞으로 살아가게 될 정보혁명 이후의 세계에 대하여 개관하고 싶다.

그러기 위해 내가 속한 헤이그룹이 미국 〈포춘〉 지와 공동으로 실시한 '세계에서 가장 칭찬받는 기업상'의 랭킹을 살펴보고자 한다. 전 세계 기업 중에서 다음과 같은 아홉 가지 관점에서 가장 우수한 기업을 경영자가 추천하여 1년에 한 번 순위를 발표하는 것이다.

1. 유명한 인재를 등용하고 유지하는 능력

2. 매니지먼트의 질

3. 사회와 환경에 대한 책임

4. 혁신성

5. 제품 혹은 서비스의 질

6. 경영자원의 효과적인 활용

7. 재무 상태의 건전성

8. 장기적인 투자 가치

9. 글로벌한 사업 전개

〈포춘〉이라고 하면 '포춘 1000' 같은 기업 순위를 떠올리는 사람도 많을 것이다. 거기서 상위에 얼굴을 내민 기업은 엑슨 모빌이나 월마트, 시티뱅크 같은 '큰 회사'가 많다. 이에 반해 '세계에서 가장 칭찬받는 기업상'에는 전 세계 경영자가 진정으로 '좋은 회사'로 생각하는 기업이 상위에 오르는 경향이 있다.

'세계에서 가장 칭찬받는 기업상'의 2006년, 2010년, 2013년 톱20의 추이를 살펴본 것이 **그림 16**이다.

2006년은 리먼 쇼크가 일어나기 전으로 상위에 제너럴 일

| 그림16 | 세계에서 가장 칭찬받는 기업상 톱20의 추이

No.	2006	2010	2013
1	제너럴 일렉트릭	애플	애플
2	페더럴 익스프레스	구글	구글
3	사우스웨스트항공	버크셔 해서웨이	아마존
4	프록터 앤드 갬블	존슨 앤드 존슨	코카콜라
5	스타벅스	아마존	스타벅스
6	존슨 앤드 존슨	프록터 앤드 갬블	IBM
7	버크셔 해서웨이	도요타자동차	사우스웨스트항공
8	델	골드만삭스	버크셔 해서웨이
9	도요타자동차	월마트	월트 디즈니
10	마이크로소프트	코카콜라	페더럴 익스프레스
11	애플	마이크로소프트	제너럴 일렉트릭
12	월마트	사우스웨스트항공	맥도날드
13	유나이티드 퍼셀 서비스	페더럴 익스프레스	아메리칸 익스프레스
14	홈데포	맥도날드	BMW
15	펩시코	IBM	프록터 앤드 갬블
16	코스트코 홀세일	제너럴 일렉트릭	노드스트롬
17	아메리칸 익스프레스	3M	마이크로소프트
18	골드만삭스	JP 모건 체이스	나이키
19	IBM	월트 디즈니	홀푸드 마켓
20	3M	시스코시스템즈	캐터필러

렉트릭(GE), 프록터 앤드 갬블(P&G), 존슨 앤드 존슨이 있다. 과거 한 세기를 풍미해온 기업이 상위에 올라 있다. 이 조사는 1997년에 시작되었는데, 2006까지 10년간 이들 기업이 늘 톱 10에 들어 있었다. 이런 기업은 전기·물리·기계·화학이라는 자연과학의 분야의 지식을 강점으로 산업혁명의 물결을 타고 성장해온 기업이라고 말할 수 있다.

그런데 리먼 쇼크 이후인 2010년이 되면 애플, 구글, 아마존이라는 정보혁명의 물결을 탄생시킨 기업이 톱10에 오른다. 이 시점에서도 아직 존슨 앤드 존슨이나 P&G는 톱10에 끼어 있어 산업혁명과 정보혁명이 대치하고 있는 상황을 엿볼 수 있다.

그러나 2013년이 되면 애플, 구글, 아마존닷컴의 세 곳이 상위권을 독점하고 GE나 P&G는 11위 이하로 후퇴한다. 마침내 산업혁명에서 정보혁명으로 교체가 일어났음을 알 수 있다.

저류에 흐르는 트렌드가 바뀌면 비즈니스의 전제조건 자체가 크게 달라진다. **그림 17**은 앞의 기업 랭킹을 다른 각도에서 본 것이다. 여기서 회색으로 칠해진 기업은 전기·물리·기계·화학이라는 자연과학 분야의 지식을 강점으로 삼은 기업이 아니라 '사람이 무엇에 기쁨을 느끼는가'를 알고 있는 기업이라 말할 수 있다. 애플, 스타벅스, 디즈니, 나이키라는 이름을 보면 한눈에 알 수 있을 것이다. 애플의 iPhone은 터치패드를 만드는 기술로 성공한 것이 아니라 그것을 사용하는 사람에게 기쁨을 안겨주는 데 성공한 것이다.

2006년부터 2013년까지 시대가 새로워짐에 따라 '사람이 무엇에 기쁨을 느끼는가'를 알고 있는 기업이 상위를 차지하고 있다는 것을 알 수 있다. 결국 정보혁명에 의하여 자연과학의 지식에서 인간과학의 지식으로 성공요인이 변화한 것이다.

온갖 정보가 인터넷에 게재되고 시시각각 전해지면 자연과학의 지식은 절반쯤은 공공재처럼 되어버린다. 그 결과, 그것으로 차별화하기는 어려워진다. 한편 '사람이 무엇에 기쁨을 느끼는가'라는 인간 내면에 관한 지식은 검색으로 간단히 알아낼 수 있는 것이 아니기 때문에 오히려 가치가 높아진다. 그것으로 승부한 기업이 정보혁명 이후의 세계에서 승리할 수 있었던 것이다.

이 책에서 소개한 애플, 삼성, 카오, 리츠칼튼, 세븐일레븐은 지역 전문가나 스티브 잡스, OFC라는 '뛰어난 관찰력, 미래를

| 그림17 | 사람에게 기쁨을 주는 것으로 성공한 기업

No.	2006	2010	2013
1	제너럴 일렉트릭	애플	애플
2	페더럴 익스프레스	구글	구글
3	사우스웨스트항공	버크셔 해서웨이	아마존
4	프록터 앤드 갬블	존슨 앤드 존슨	코카콜라
5	스타벅스	아마존	스타벅스
6	존슨 앤드 존슨	프록터 앤드 갬블	IBM
7	버크셔 해서웨이	도요타자동차	사우스웨스트항공
8	델	골드만삭스	버크셔 해서웨이
9	도요타자동차	월마트	월트 디즈니
10	마이크로소프트	코카콜라	페더럴 익스프레스
11	애플	마이크로소프트	제너럴 일렉트릭
12	월마트	사우스웨스트항공	맥도날드
13	유나이티드 퍼셀 서비스	페더럴 익스프레스	아메리칸 익스프레스
14	홈데포	맥도날드	BMW
15	펩시코	IBM	프록터 앤드 갬블
16	코스트코 홀세일	제너럴 일렉트릭	노드스트롬
17	아메리칸 익스프레스	3M	마이크로소프트
18	골드만삭스	JP 모건 체이스	나이키
19	IBM	월트 디즈니	홀푸드 마켓
20	3M	시스코시스템즈	캐터필러

보는 눈'이 성공요인이었던 것이다.

또한 정보혁명은 기업의 형태에도 큰 변화를 가져온다. 산업혁명 시대에는 대량생산·대량물류에 의한 효율성 추구가 비즈니스에서 엄청난 가치를 창출했다. 이 때문에 자본집약형으로 많은 사원을 고용한 대기업 중심의 경제구조가 되었다.

그런데 사람에 관한 지식이 강점으로 변하면 오히려 통찰력 있는 개인, 결국 '날카로운 시점'으로 힘이 옮겨 간다. 블로거가 상품 평가에 큰 영향을 미치게 되거나 대기업을 대신하여 벤처기업이 이노베이션의 선두를 달리게 된다. 페이스북이 20조 원에 인수해 세상을 놀라게 한 왓츠업의 사원수는 당시 불과 50명이었다. 지금은 개인조차 혁명을 일으키는 시대가 되었다.

물론 개인이 할 수 있는 일에는 한계가 있다. 이 때문에 여러 분야에 특화한 기업가가 서로 연대하여 에코시스템을 형성하게 되었다. 게다가 정보가 수시로 전달됨으로써 글로벌한 에코시스템의 형성이 가능해졌다.

그림 18은 전 세계 정보통신 산업의 집적지(산업 클러스터)를 나타낸 것이다. 그중에서도 중심 역할을 맡고 있는 것은 미국 서해안에 있는 실리콘 밸리다. 실리콘 밸리는 반도체나 정보통신기기, 인터넷 관련 비즈니스의 세계적인 집적지가 되었다. 그런데 실리콘 밸리는 그곳 단독으로 성립된 것은 아니다.

이스라엘은 암호나 무선통신 분야에서 전 세계적인 선진 지역으로 다수의 벤처기업이 우후죽순처럼 생겨났다. 그것은 이스라엘군이 이 분야에 막대한 R&D 투자를 하는 것과 관계가 있다. 이스라엘군은 흥미롭게도 군의 연구자가 민간에 전직하여 동일한 분야에서 연구를 멈추지 않고 계속할 수 있도록 지원한다. 이 때문에 군의 기술이 민간에 전수되고 벤처기업이 다수 설립될 수 있었다.

이스라엘과 실리콘 밸리는 유대인 인맥으로 연결되어 있다. 실리콘 밸리의 회사가 이스라엘의 벤처기업을 매수하거나 이스라엘의 회사가 실리콘 밸리에 지점을 내는 일 등은 일상다반사다. 과거 인텔이 '센트리노'라는 무선 모바일 플랫폼을 발매했을 때도 이스라엘과 실리콘 밸리의 팀이 협력하여 개발에 임했다.

| **그림18** | 세계 정보 산업의 집적지

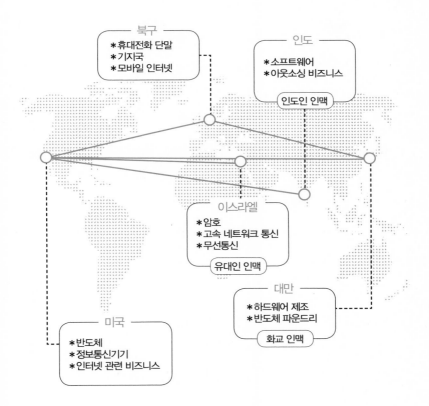

북구
* 휴대전화 단말
* 기지국
* 모바일 인터넷

인도
* 소프트웨어
* 아웃소싱 비즈니스
인도인 인맥

이스라엘
* 암호
* 고속 네트워크 통신
* 무선통신
유대인 인맥

대만
* 하드웨어 제조
* 반도체 파운드리
화교 인맥

미국
* 반도체
* 정보통신기기
* 인터넷 관련 비즈니스

또한 방갈로르를 중심으로 한 인도 남부의 도시들은 소프트웨어 개발의 집적지다. 여기도 인도인 인맥을 통해서 실리콘 밸리와 연결되어 있다. 방갈로르와 샌프란시스코를 오가는 비행기 안에서 상담이 이뤄진다.

대만은 하드웨어나 반도체 제조를 위한 세계적인 센터가 형성되어 있다. 이곳도 오래전부터 실리콘 밸리와 화교 인맥으로 연결되어 있다. 대만의 반도체 파운드리(수탁생산) 업체인 TSMC나 UMC는 실리콘 밸리에서 매니지먼트 교육을 받은 화교가 대만으로 돌아가 설립한 회사다. 애플의 하드웨어를 대만의 혼하이가 제조하는 배경에는 이런 두 지역의 역사적인 연결 고리가 있다.

이처럼 글로벌 네트워크를 기반으로 하는 산업 클러스터 위에서 기업가끼리 연대하여 에코시스템을 형성하게 되었다. 하드·소프트·통신·콘텐츠 등 온간 영역을 아우르는 비즈니스 모델이 요구되는 시대에는 아무리 대기업이라고 해도 한 회사가 모든 문제를 해결할 수 없다. 문제의 크기가 기업의 기량을 초월하는 것이다.

이 때문에 대기업보다도 속도감 있게 일을 진행할 수 있고 폭넓은 기술 영역을 아우를 수 있는 에코시스템이 대기업을 대신하게 되었다. 지금은 정보통신업계에서 비즈니스를 할 때 에코시스템에 들어가 유대인, 인도인, 화교들과 교류하지 않으면 정보도 들어오지 않는다.

이런 변화는 정보통신업계에 한하지 않는다. 정보혁명은 그 이외의 모든 업계에도 변화를 가져온다. '사물인터넷(IoT)', '옴니채널', '인더스트리 4.0', '빅데이터' 같은 말을 들은 적이 있을 것이다. 이들 키워드는 정보통신 기술이 많은 업계의 비즈니스 모델을 뿌리부터 변화시키고 있음을 나타낸다.

나아가 온갖 정보가 인터넷상에 공개되고 간단히 검색할 수 있게 된 덕분에 업계 고유의 노하우가 유출되어 업계의 틀을 넘는 냉혹한 전쟁이 시작되고 있다.

인터넷 관련 기업이 소매나 금융으로 진출한다, PB(프라이빗 브랜드)로 인해 소매업이 제조사의 영역을 잠식한다, JR 동일본이 패션빌딩(루미네)이나 역 구내 사업으로 소매업과 경합한다, 소프트뱅크나 오릭스가 발전(發電) 사업에 참여한다, 야마다 전기가 주택 판매나 리폼 사업에 뛰어든다, 아이리스오

야마가 가전·LED 조명 사업에 참여한다, 아마존이나 라쿠텐이 물류 기능을 확대한다 등등 일일이 헤아릴 수 없다.

지금까지 말했듯이 앞으로 비즈니스 퍼슨이 싸우는 환경은 산업혁명에서 정보혁명으로의 전환, 자연과학에서 인간과학으로의 강점 이동, 대기업에서 개인으로의 권력 이동, 글로벌한 에코시스템의 형성, 정보통신 기술을 이용한 비즈니스 모델의 변혁, 업계의 울타리를 넘는 냉혹한 싸움이라는 형태로 크게 달라지고 있다.

이처럼 이전에 경험하지 못한 환경 속에서 싸우는 이상 종래의 시점에 사로잡혀 있는 것은 위험하다. 이 책에서 소개한 열한 명의 천재들처럼 자신의 시점을 바꿀 수 있는지 없는지가 생존 여부를 가른다.

그렇다면 지금부터 자신만의 새로운 세계관을 발견하기 위한 여행을 떠나보자.

"잘 생각해보면 당연한 일이지만
아무도 하지 않은 일이었다."

그림1 증권회사의 시장구조 • 69

그림2 타깃 고객에 따라 달라지는 사업구조 • 71

그림3 증권회사의 비용구조 • 73

그림4 성장전략 입안 과정 • 76

그림5 삼성과 애플의 수익구조와 성장 드라이버 • 104

그림6 스마트폰 · 휴대전화의 시장구조 • 109

그림7 휴대전화 시장에서 일본 기업의 포지션 • 111

그림8 일반적인 소매기업의 수익구조 • 122

그림9 아마존의 수익구조 • 124

그림10 패스트리테일링의 수익구조 • 125

그림11 케이스 스터디 : 콜라전쟁 1 • 155

그림12 케이스 스터디 : 콜라전쟁 2 • 157

그림13 케이스 스터디 : 콜라전쟁 3 • 159

그림14 케이스 스터디 : 콜라전쟁 4 • 161

그림15 케이스 스터디 : 콜라전쟁 5 • 164

그림16 세계에서 가장 칭찬받는 기업상 톱20의 추이 • 243

그림17 사람에게 기쁨을 주는 것으로 성공한 기업 • 246

그림18 세계 정보 산업의 집적지 • 249

왜 미래는 늘
남에게만 보이는가

1판 1쇄 인쇄 2016년 8월 24일
1판 1쇄 발행 2016년 8월 31일

지은이 다카노 켄이치
옮긴이 박재현
펴낸이 김성구

책임편집 박혜란
단행본부 김민기 나성우 김동규
저작권 이은정
디자인 여종욱 문인순
제 작 신태섭
책임마케팅 손기주
마케팅 최윤호 송영호 유지혜
관 리 김현영

펴낸곳 (주)샘터사
등 록 2001년 10월 15일 제1-2923호
주 소 서울시 종로구 대학로 116 (03086)
전 화 02-763-8965 (단행본부) 02-763-8966 (영업마케팅부)
팩 스 02-3672-1873 **이메일** book@isamtoh.com **홈페이지** www.isamtoh.com

한국어 판권 © (주)샘터사, 2016, Printed in Korea.

ISBN 978-89-464-2035-9 03320

이 도서의 국립중앙도서관 출판시도서목록(CIP)은 e-CIP 홈페이지
(http://www.nl.go.kr/cip.php)에서 이용하실 수 있습니다. (CIP제어번호: CIP2016019880)

값은 뒤표지에 있습니다.
잘못 만들어진 책은 구입처에서 교환해 드립니다.